LES
MARTYRS
DU JAPON

HISTOIRE DES 26 MARTYRS CANONISÉS EN 1862

Et des 205 qui doivent être béatifiés en 1867

PAR

M. VILLEFRANCHE

Ils ont cherché uniquement le royaume de Dieu, et voilà que la gloire leur est donnée par surcroît.

SEPTIÈME ÉDITION

PARIS

VICTOR PALMÉ, LIBRAIRE-ÉDITEUR

25, rue de Grenelle-Saint-Germain, 25

1867

MARTYRS DU JAPON

CHAUMONT. — IMPRIMERIE CH. CAVANIOL.

LES MARTYRS
DU JAPON

HISTOIRE DES 26 MARTYRS CANONISÉS EN 1862

Et des 205 qui doivent être béatifiés en 1867

PAR

M. VILLEFRANCHE

Ils ont cherché uniquement le royaume de Dieu, et voilà que la gloire leur est donnée par surcroît.

SEPTIÈME ÉDITION

PARIS

VICTOR PALMÉ, LIBRAIRE-ÉDITEUR

22, RUE SAINT-SULPICE, 22

1867

AVANT-PROPOS

DE LA 7me ÉDITION.

Le 8 décembre 1866, une lettre circulaire
a été adressée, par ordre du Souverain-Pontife, à tous les évêques du monde catholique,
pour les inviter à venir célébrer à Rome avec
lui, autant que les affaires de leurs diocèses le
leur permettront, la solennité du 29 juin 1867,
fête des bienheureux apôtres Pierre et Paul et
anniversaire séculaire de leur martyre. Sa
Sainteté a annoncé en même temps son intention d'inscrire, à cette occasion, dans le Catalo-
gue des Saints, un certain nombre de martyrs,
vierges ou confesseurs, entre autres la bienheureuse Germaine Cousin, bergère des envi-

rons de Toulouse ; la bienheureuse Françoise des Cinq Plaies ; le bienheureux Paul de la Croix ; le bienheureux martyr Pierre d'Arbuès, inquisiteur espagnol ; le bienheureux Léonard de Port-Maurice ; le bienheureux martyr Josaphat, évêque de Polotzk, en Lithuanie ; les bienheureux martyrs de Gorcum, en Hollande (1) ; enfin divers martyrs japonais, au nombre de deux cent cinq (2).

On n'a pas oublié le concours prodigieux d'évêques et de pèlerins qui répondirent, il y a cinq ans, à un appel semblable de Pie IX, occasionné par une première canonisation de martyrs japonais. Malgré l'absence forcée des prélats italiens qui protestèrent, au nombre de près de quatre-vingts, que la violence seule avait pu les retenir, trois cent vingt-

(1) Nous avons également publié une *Histoire des dix-neuf martyrs de Gorcum* (Paris, Palmé, 1865).

(2) Et, parmi ces derniers, comme des informations postérieures nous l'ont appris, les bienheureux Alphonse Navarette, dominicain ; Pierre d'Avila, franciscain ; Pierre de Zuniga, augustin ; Charles Spinola jésuite et ses compagnons ; les laïques Joachim Firoyama ; Lucie Freïtez, etc.

trois cardinaux, patriarches, archevêques ou évêques, plus de quatre mille prêtres et cent mille fidèles accoururent des deux hémisphères à la grande cérémonie de la canonisation. De pauvres curés des montagnes des Alpes, trop pauvres chacun en particulier pour les frais du voyage, se cotisèrent pour envoyer du moins quelques-uns d'entr'eux au nom de tous. Les nombreux navires abordant à Civita-Vecchia ressemblaient à autant de couvents ; ils se détachaient des ports de Marseille en invoquant l'étoile de la mer : *Ave maris stella*, et des masses de peuple leur répondaient du rivage et les acclamaient avec ivresse, car les cœurs de tous partaient avec eux. On vit deux de ces navires disparaître à l'horizon en chantant ensemble les vêpres, de toutes les voix de leurs bords, et en se renvoyant de l'un à l'autre, sur les flots silencieux, les mélodies sacrées.

La vieille enceinte de la ville éternelle regorgeait. On y retrouvait presque tous les noms des évêques des premiers Conciles : Antioche et Babylone, Lyon et Cordoue, Constantinople et Nicomédie, Damas et Orléans ; seulement à ces noms antiques, beaucoup s'ajoutaient de pays alors ignorés : New-York et Québec, Alger et Osnabrück, Philadelphie et la Nouvelle-Orléans, Dublin et Caracas, Munich et Posen ; car l'Eglise, pour rester catholique, se dilate avec le monde. Des évêques polonais et russes eux-mêmes parvinrent au seuil des saints apôtres : bonheur qui leur avait été refusé depuis le partage de la malheureuse Pologne.

C'est ainsi que furent glorifiés, en 1865, les vingt-six premiers saints du Japon. Des hommages aussi éclatants semblent réservés à ceux de leurs frères qui vont être élevés aux mêmes honneurs. On verra une assemblée non moins illustre, présidée encore par le même Pontife, en qui l'impiété même reconnaît dès aujourd'hui une des plus grandes figures du souverain Pontificat, et entourée de foules innombrables, ambassades de toutes les nations, de toutes les Eglises vers l'Eglise-mère et maîtresse; on la verra acclamer l'inscription de nouveaux noms dans ce martyrologe impérissable où l'on ajoute toujours et d'où rien ne s'efface, la consécration de nouvelles immortalités dans la mémoire de l'Eglise et dans celle de l'humanité.

N'est-ce pas une chose merveilleuse que les saints nous émeuvent encore si profondément aujourd'hui et que les hommes les plus insoucieux de renommée humaine soient précisément ceux qui laissent dans l'esprit du peuple, c'est-à-dire de l'humanité, la plus durable, ou plutôt la seule durable trace? Ils ont cherché uniquement le royaume de Dieu et voilà que la gloire leur a été donnée par surcroît. L'histoire politique de France est enseignée en France; l'histoire politique d'Espagne en Espagne; et encore à combien de personnes, et l'enseignera-t-on toujours la même? L'histoire des saints et des martyrs s'apprend, toujours inaltérée, partout où il y a des catholiques, c'est-à-dire dans tous les lieux et tous les temps. Le peuple porte leurs noms; il sait

leur place dans son calendrier; il célèbre
leurs anniversaires dans les cathédrales avec
la foule, au coin du foyer dans les fêtes de famille. Il ignore Louis IX, mais il connait saint
Louis. Nommez-lui les douze pêcheurs de Ga-
lilée, Augustin et Antoine, Geneviève, François-
Xavier, Vincent de Paul : vous éveillerez en
lui des souvenirs sympathiques. Parlez-lui des
sept sages de la Grèce, de Sémiramis ou de
Platon, d'Annibal, de Théodoric ou de Louis
XI : votre voix n'aura pas d'écho; et si, par
exception, quelque figure profane a trouvé
grâce devant l'oubli populaire, c'est qu'elle
aura paru en même temps, par quelque côté,
sur la scène religieuse, comme Néron ou Cons-
tantin. Les beaux esprits incrédules proteste-
ront, bien entendu, par leurs dédains; ils se
donneront le plaisir de mesurer leurs héros
d'après un système métrique qui sera exacte-
ment l'inverse de celui de l'Eglise. Mais les
beaux esprits sont en minorité et l'immortalité ne leur appartient pas. Il faut qu'ils en
prennent leur parti, il faut même qu'ils sa-

chent que le vrai philosophe ne s'associe point à leurs regrets. N'est-il pas juste, en effet, que le peuple se souvienne de ceux qui l'ont aimé, qui l'ont instruit, qui l'ont servi, plutôt que de ceux qui n'ont jamais vécu de sa vie, qui ne surent voir en lui qu'un marche-pied pour leurs ambitions, qui ne lui apprirent qu'à s'entr'égorger? N'est-il pas rationnel qu'il songe à des types souvent vulgaires, souvent pauvres comme lui, à des modèles qu'il peut, qu'il doit imiter et dont il espère partager un jour sinon la gloire humaine, au moins la gloire divine, plutôt qu'à des types exceptionnels que, grâce à Dieu, quinze à vingt hommes tout au plus sont à même d'imiter dans un siècle?

L'intention de ce livre a été de s'associer à la pensée du Souverain-Pontife. Nous avons voulu donner un écho de plus, si faible qu'il soit, à la grande voix du Vatican, et il nous est doux de penser que cet écho ne s'est pas entièrement éteint dans le vide et que des milliers d'âmes pieuses ont voulu avec nous connaître, aimer, invoquer les modèles nouveaux qui nous sont proposés. Puissiez-vous, grands saints, hier obscurs, aujourd'hui si glorieux parmi les hommes, nous obtenir, à nous tous, témoins heureux de votre triomphe sur la terre, de vous contempler un jour triomphants dans le ciel !

Il nous était impossible de terminer brusquement notre récit à la mort des martyrs canonisés : trop de magnifiques exemples, trop de sublimes sacrifices s'offraient à nous après les leurs. La courte vie de l'Eglise japonaise doit être comptée, sans contredit, parmi les périodes héroïques de la vie générale du Christianisme. Jamais on ne vit persécution si implacable, même sous les empereurs romains, jamais tant d'enthousiasme pour le martyre, tant de gens enivrés, affolés de la sainte *folie de la Croix* (1) ; jamais non plus il n'avait été donné à l'ennemi du genre humain de prévaloir ainsi par le fer et par le feu et d'étouffer violemment, pour un temps aussi long, la foi

(1) Saint Paul, 1re Ep. aux Corinth., c. 1

de tout un peuple. *Les jugements de Dieu sont incompréhensibles et ses voies impénétrables* (1); nous adorerons ses miséricordes et nous nous tairons devant ses justices, mais l'histoire du Japon ravivera notre reconnaissance en même temps qu'elle nous inspirera une frayeur salutaire. Quel membre de l'Eglise, nation ou individu, qui de nous en particulier oserait se flatter d'avoir une foi plus vive que ne le fut celle de ce peuple aujourd'hui replongé dans la nuit de l'erreur ?

(1) Saint Paul, ép. aux Romains, c. II.

Avril 1867.

1.

LES MARTYRS

DU JAPON

—

I

Trois Japonais viennent au-devant du Christianisme.

En l'année 1542, à une époque où les flottes
de la péninsule ibérique ouvraient les routes
de toutes les mers lointaines, où le Portugal,
en particulier, exerçait dans l'Inde et la Chine
la domination qu'y possède aujourd'hui l'Angleterre, trois marchands portugais, nommés
Antoine Mota, François Zeimot et Antoine
Pexot, étant partis des îles Célèbes pour aller
en Chine, furent jetés par la tempête sur Kiou-
Siou ou Ximo, la plus méridionale des grandes
îles du Japon, près de la ville de Cangoxima,
au royaume de Saxuma. Ils y trouvèrent une
race inconnue jusqu'alors des Européens, une
population aussi dense qu'à la Chine, une civilisation aussi avancée, des mœurs aussi douces

quoique plus viriles, des esprits moins rusés,
moins avides, moins bien doués pour le né-
goce, mais beaucoup plus dignes et plus
loyaux; bref, des relations commerciales où
il était plus facile encore de s'enrichir. Les
trois marchands n'en demandaient pas davantage; mais la Providence, qui les avait amenés
jusque-là, avait des vues plus élevées.

Un des plus riches seigneurs du Saxuma,
âgé de trente-cinq ans, à la suite d'une jeunesse
fort déréglée, était tourmenté de remords
continuels et d'un vif désir de mieux faire qui,
malheureusement, restait toujours à l'état de
désir. Il s'appelait Anger. Dans le vague espoir que des gens si nouveaux pourraient lui
apporter quelque apaisement inconnu, il aborda les étrangers sur le port et s'ouvrit à eux
de ses peines intérieures, ajoutant que les
bons conseils des Bonzes, ou prêtres japonais,
n'avaient pu l'éclairer ni le calmer. « Nous ne
sommes que des marchands, lui dirent les
Portugais; nous ne pouvons rien non plus pour
dissiper vos perplexités; mais nous connais-
naissons à Malaca un bonze de notre pays,
homme chéri du ciel entre tous, et nous ne
doutons pas, si vous voulez le venir voir avec
nous, qu'il ne vous guérisse en un moment de
cette humeur noire qui vous dévore. »

Anger fut frappé de ce récit merveilleux, mais ne resta pas pour cela moins irrésolu. Ce voyage de huit cents lieues l'effrayait. Il fallut que Dieu, pour ainsi dire, fit violence à sa volonté. Quelques temps après, Anger ajoutait à ses anciennes fautes celle d'un meurtre et n'avait d'autres ressources que de monter sur le premier vaisseau en partance pour Malaca. Deux serviteurs l'accompagnaient.

Il y arriva en 1546, l'année de la mort de Luther; mais ayant appris que celui qu'on lui avait tant vanté venait de partir pour les Moluques, il se remit en mer sur le champ, déjà oublieux du motif de son voyage, et il fût revenu dans son pays, sans une série d'orages et de contre-temps qui le repoussèrent à Malaca après deux ans de navigation errante. L'homme qu'il cherchait y arrivait presque en même temps que lui; cet homme était François-Xavier, l'apôtre des Indes.

Ils se rencontrèrent dans l'Eglise de Notre-Dame, et le japonais ne fut pas longtemps à reconnaître qu'on ne l'avait pas trompé. Le saint l'embrassa, lui dit que pour obtenir ce qu'il souhaitait, il devait apprendre les principes de la loi évangélique, la seule qui enseigne le chemin du salut; lui-même quitta tout pour l'instruire. Appelé sur ces entrefaites

à la côte de la Pêcherie, il envoya son prosé-
lyte à Goa, alors la Lisbonne et la Rome de
l'Inde. Il réservait à l'évêque de cette ville ces
prémices du Christianisme japonais.

Anger, avec ses deux serviteurs, reçut donc
le baptême des mains de Jean d'Abulkerque,
évêque de Goa, le jour de la Pentecôte. La
grâce du sacrement transforma cette âme faible et irrésolue, comme la descente de l'Esprit-
Saint avait changé en un courage indomptable
la pusillanimité des premiers apôtres. Il prit
le nom de Paul de Sainte-Foi, en mémoire du
séminaire de Goa, où il venait de recevoir ce
grand bienfait et qu'on appelait indifféremment
collége de Saint-Paul ou de Sainte-Foi.

François-Xavier, dans ses lettres, exprime
hautement son admiration pour les nouveaux
néophytes, leur pénétration d'esprit, leur ferveur, leur désir brûlant d'annoncer la bonne
nouvelle à leur tour parmi leurs concitoyens.
Il passait avec eux tout le temps qu'il pouvait,
pour étudier davantage le génie de cette nation, et sa résolution fut bientôt prise.

« Paul de Sainte-Foi vous envoie une assez
longue lettre, écrit-il de Cochin, le 14 janvier 1549, à saint Ignace de Loyola, à Rome.
En huit mois il a bien appris à lire, à écrire
et à parler portugais.... Je suis décidé à aller

tout droit trouver l'empereur du Japon, à me présenter ensuite au milieu de leurs académies, de leurs universités, et là j'espère faire triompher l'Évangile... Une fois que je me serai fixé au milieu de ce peuple, je vous instruirai de ses mœurs, de sa littérature, de sa religion, de son gouvernement ; je ferai plus : je donnerai tous ces détails à l'université de Paris, pour qu'elle les communique à toutes les autres universités de l'Europe... On compte treize cents lieues d'ici au Japon ; il faut passer le détroit de Malaca, doubler ce cap, longer les côtes de la Chine. Les périls de ces mers sont tels que nos marins s'estiment heureux si, de trois navires, il en sauvent un ; cependant ils ne font sur moi d'autre effet que de m'animer davantage, tant la perspective est belle. »

« Sire, écrivait-il de Malaca, six mois plus tard, au roi de Portugal Jean III, me voici arrivé à Malaca avec deux de nos frères, et trois Japonais, nouveaux mais excellents chrétiens... J'ai supplié Dieu avec ardeur de me faire connaître d'une manière intime si c'était sa volonté que je partisse avec eux pour leur pays et de me donner alors les forces d'y accomplir ses desseins. Il a plu à la Divine Majesté de se laisser toucher par mes prières et de me faire connaître sa volonté. J'en ai donc maintenant une pleine et entière certitude, et je suis profondément convaincu que le service de Dieu m'appelle au Japon... »

A ceux qui lui représentaient les fatigues, les dangers de l'entreprise, le saint répondait : Est-ce que dangers ou fatigues vous retiennent, vous, quand il s'agit d'aller chercher un peu d'or au bout de ces mers lointaines ? et moi qui sais qu'une infinité d'âmes, rachetées du sang de mon Dieu, périssent faute d'instruction et de secours, je serais assez lâche pour craindre une tempête ! Je n'ai qu'un regret, c'est que vous m'ayez prévenu.

Comme il avait dû attendre à Goa que le temps devînt favorable pour le voyage, il avait employé ses loisirs à s'y préparer par les exercices de la vie intérieure. Ce fut alors que ne pouvant plus soutenir l'abondance des consolations dont son âme était inondée, on l'entendit souvent s'écrier : C'est assez, Seigneur, c'est assez ! ou faites cesser des faveurs qu'une créature mortelle n'est pas en état de supporter, ou bien mettez-moi dans le séjour de gloire ! En disant ces paroles, il ouvrait sa soutane comme pour livrer passage aux flammes du divin amour dont il brûlait.

II

Saint François Xavier, apôtre du Japon.

Il nous en coûte de ne pouvoir citer ici, dans toute leur étendue, les épîtres où Xavier raconte les péripéties de la traversée du Japon, ses premières impressions, ses travaux et ses succès. Celui qui se proposerait de dérouler les annales complètes de l'Eglise du Japon aurait tort, certainement, de substituer la froide narration de l'historien à ces pages vivantes où déborde une grande âme. Néanmoins, malgré les proportions étroites de ce travail, nous ne saurions passer entièrement sous silence la formation de cette Eglise dont nous voulons raconter quelques-unes des victoires, et nous traduirons encore quelques fragments des lettres du saint, au risque de dépasser un peu nos limites.

Il écrit de Cangoxima, le 3 novembre 1549, à ses frères, les Jésuites de Goa :

« Que la grâce et l'amour de Notre-Seigneur soient toujours avec vous! Ainsi soit-il.

« Nous fîmes voile de Malaca le jour de la saint Jean-Baptiste, sur le soir (avec le P. Balthazar de Torrez, le frère Juan Fernandez et les trois Japonais), et nous abordâmes au Japon, par la grâce de Dieu, le 15 août suivant. Nous étions sur le vaisseau d'un pirate japonais qui s'arrêtait follement dans toutes les îles qu'il rencontrait et à chaque instant consultait une idole placée sur la poupe du navire au milieu de cierges allumés...

« Le Japonais, du moins à ce que j'ai pu voir, surpasse en probité tous les peuples qu'on a découverts dans ce siècle-ci. Il est ingénieux, franc, loyal, avide d'honneurs et de dignités ; l'honneur est pour lui le premier de tous les biens. Il est pauvre, mais la pauvreté chez lui n'est pas un vice. Il aime les armes avec passion : grands et petits, tout le monde est armé, tous portent une épée et un poignard à la ceinture, depuis l'âge de quatorze ans... La monogamie est généralement établie chez eux... Ils savent presque tous lire. Ils sont jaloux de s'instruire et écoutent avidement tout ce que nous leur disons de Dieu. Ils n'adorent la divinité sous aucune forme d'animaux ; mais quelques-uns adorent le soleil, d'autres la lune... Leurs bonzes vivent habituellement en communautés ; d'ordinaire ils valent moins que le peuple et ils se livrent à un vice exécrable avec une impudeur telle qu'ils ne s'en cachent même pas... Il y a aussi des communautés de bonzesses...

« Les parents de Paul de Sainte-Foi, le gouverneur, les principaux de Cangoxima et tout le peuple nous ont parfaitement accueillis... Le roi habite à six lieues d'ici ; Paul jugea de son devoir d'aller lui présenter ses hommages. Il fut très-bien reçu : le roi lui témoigna le plaisir qu'il avait de le revoir après un si long voyage, lui fit beaucoup de questions sur les mœurs, les richesses, les forces et la puissance des Portugais et parut très-attentif à ses réponses. Mais son admiration fut bien autre quand il vit un petit tableau, très-bien fait, qui représentait la Sainte Vierge tenant l'enfant Jésus sur ses genoux et que nous avions apporté des Indes. Frappé de respect à cette vue, il se jeta à genoux et ordonna à toute sa cour d'en faire autant. Ce tableau ayant ensuite été présenté à la reine-mère, celle-ci en fut également émerveillée et envoya à Paul un de ses officiers pour avoir une copie de l'image. Mais comme il ne se trouva point de peintre pour faire ce que désirait la princesse, la chose en resta là. Elle demanda qu'au moins on lui écrivit en abrégé les principaux points de la religion chrétienne; Paul s'empressa de la satisfaire.

« Croyez-moi et remerciez-en le Seigneur : Un vaste champ est ouvert à votre zèle. Paul a déjà converti sa femme, sa fille et plusieurs parents et voisins. Daigne le Seigneur nous délier bientôt la langue, car nous sommes ici comme des statues; on nous parle et nous sommes muets, nous redevenons enfants et toute notre occupation est d'apprendre les premiers éléments de la langue japonaise. Dieu nous fasse la grâce d'imiter la simplicité et l'innocence des enfants, comme nous en pratiquons les exercices !...

« Si le travail est tel qu'il me paraît devoir être un jour, je n'hésiterai pas, je m'adresserai directement au Saint-Père et l'instruirai de la situation, car c'est à lui, vicaire de Jésus-Christ, père de toutes les nations, pasteur de tous les chrétiens, qu'appartiennent ceux qui sont prêts à baisser la tête sous le joug de Jésus-Christ. Nous ferons encore un appel à toutes les communautés ou familles religieuses vouées au service divin, qui brûlent de voir glorifier le nom de Jésus... et si le Japon ne suffit pas à leur zèle, nous leur montrerons du doigt l'empire de la Chine, qui est encore plus vaste et plus peuplé...

« Deux bonzes de Mécao et de la grande université de Bandon, qui passent pour très-lettrés, et plusieurs autres japonais vont faire l'année prochaine le voyage des Indes pour s'instruire de nos saints mystères… »

François-Xavier ne resta que deux ans et demi au Japon. De retour à Cochin, il écrit, le 29 janvier 1552, aux Jésuites de Rome. »

« … Les bonzes enseignent que personne ne sera damné, quelles que soient ses fautes commises ou à commettre, parce qu'eux-mêmes satisfont pour le peuple, au moins pour ceux du peuple qui ont de quoi se racheter auprès d'eux de leurs iniquités… Ils disent aussi que toute femme, en raison des infirmités de son sexe, est plus souillée que tous les hommes ensemble, de manière qu'un animal aussi impur peut difficilement espérer son salut ; d'où il suit que les femmes doivent donner plus généreusement encore que les hommes, sans quoi elles sont perdues. Ils ajoutent que l'argent donné aux bonzes en cette vie est restitué au décuple dans l'autre monde ; ils reçoivent ainsi force bons écus et délivrent en échange des billets au porteur, que ces pauvres ignorants conservent avec soin et font ensevelir avec eux dans leurs cercueils…

« Le roi du Saxuma, sur les sollicitations des bonzes, rendit un édit qui défendait sous peine de mort d'embrasser le christianisme... Nous laissâmes nos néophytes du Saxuma, au bout d'une année, aux soins de leur compatriote Paul et nous passâmes dans une ville du royaume de Naugato. Là, après avoir jeté les fondements d'une nouvelle chrétienté que j'ai laissée sous la direction du P. Côme de Torrez, nous nous rendîmes à Amanguchi, capitale du royaume, ville de plus de dix mille maisons, où nous prêchâmes et fûmes l'objet de beaucoup de mauvais traitements et de l'insolence de la populace et des enfants qu'on déchaînait après nous dans les rues... Voyant que nous avancions peu à Amanguchi, nous partîmes pour Méaco, capitale de tout l'empire et résidence de l'empereur, ville qui renfermait autrefois au delà de cent quatre-vingt mille familles, mais qui, désolée aujourd'hui par les guerres, n'en compte plus que cent mille. Notre voyage fut de deux mois, accompagné de beaucoup de fatigues et de périls. »

Ces fatigues et ces périls que le saint mentionne si simplement ici, on a su par d'autres témoins quels ils furent, et il est impossible de ne pas les rapporter. A seize lieues de Méaco

Xavier tomba malade. Il manquait de tout et néanmoins il guérit en peu de temps. Dès que la fièvre l'eut quitté, il se remit en chemin, fort mal vêtu et sans chaussures, bien qu'on fût en décembre. Un jour, de grand matin. les voyageurs se trouvant embarrassés par le mauvais état des routes que les pluies et les neiges avaient défoncées et par la crainte de s'égarer, le P. Xavier aperçut un cavalier qui allait du côté de Méaco ; il courut à lui, le pria de vouloir bien lui servir de guide et s'offrit à lui porter sa malle. Le cavalier y consentit et poursuivit sa route au grand trot, absolument comme s'il eût continué d'être seul. Enfin le missionnaire fut contraint de s'arrêter, et ses compagnons, qui à grand'peine l'avaient suivi de fort loin, le trouvèrent le soir dans un état à faire pitié ; les ronces et les cailloux lui avaient déchiré les pieds, et les jambes lui crevèrent en plusieurs endroits. On ne put toutefois obtenir qu'il se reposât.

L'humilité de Xavier ne lui permet non plus aucune allusion aux miracles que Dieu opérait par son ministère, et cependant il semblait avoir reçu tous les pouvoirs surnaturels des apôtres, de même qu'il avait hérité de leur intrépidité. Le plus éclatant de ses miracles au Japon fut la résurrection d'une fille unique, à Cangoxima. Des chrétiens, témoins de la douleur du père de cette fille et craignant pour sa vie, lui conseillèrent de s'adresser au grand docteur des Portugais. Il y alla, se jeta à ses pieds en pleurant et ne sut que lui répéter : « Ma fille est morte, rendez-moi ma fille ! » Le saint fut tellement attendri qu'il ne put répondre. Il s'enferma avec le frère Juan Fernandez, et tous deux firent une de ces courtes prières qui pénètrent les cieux ; bientôt l'apôtre se sentit exaucé ; il retourna auprès du vieillard et lui dit d'un air inspiré : « Allez, Monsieur, vos vœux sont accomplis. » Celui-ci sortit sans pouvoir ajouter foi à ce qu'on lui disait ; mais à peine avait-il fait quelques pas, qu'un de ses domestiques arriva, criant de toutes ses forces que sa fille était vivante ; et comme le père n'osait encore en croire ses oreilles, sa fille elle-même accourut et se jeta à son cou. Le vieillard, pleurant de joie, la prit par la main et la mena au logis des missionnaires. En apercevant Xavier et Fernandez, elle s'écria : « Voici mes deux libérateurs ! » et elle se prosterna à leurs pieds. Son père en fit autant et l'un et l'autre demandèrent le baptême.

« N'ayant pu avoir audience de l'Empereur et trouvant les esprits des habitants trop préoccupés du bruit des armes, nous reprîmes, continue Xavier, le chemin d'Amanguchi. Des lettres et de riches présents envoyés par l'évêque de Goa et par le gouverneur des Indes, firent auprès du roi ce que n'avait pu faire notre première visite et nous obtinrent sa protection et la permission de prêcher dans tous ses États... Bien plus, il nous logea dans un bâtiment autrefois habité par les bonzes. c'est là que nous établîmes nos conférences publiques. Au bout de deux mois de discussions avec les bonzes, nous arrivâmes facilement à régénérer dans les eaux du Baptême plus de cinq cents personnes, et le nombre, grâce à Dieu s'en accroît tous les jours...

« J'obtins également du roi de Bungo une audience et les meilleures promesses... Sous mes cheveux blancs (Xavier n'avait que quarante-cinq ans) je me sens encore les forces d'une jeunesse robuste et verte ; on ne se fatigue pas à travailler au milieu d'une nation civilisée, avide de science et de vérité.

« J'espère entrer l'année prochaine en Chine. Les Japonais qui ont emprunté des Chinois leurs superstitions, les secoueront à leur exemple, car ici le prestige de la Chine est très-grand. »

Cependant Xavier, persuadé comme il le

répétait fréquemment, que c'était par la Chine qu'il devait convertir le Japon, repartit de Malaca pour l'île de Sancian, d'où il espérait se faire débarquer à Canton ; mais là, après avoir vu échouer son dessein, il tomba malade d'une fièvre violente et mourut le 2 décembre 1552, dans une cabane ouverte à tous les vents, presque seul, en prononçant ces paroles du prophète : *En vous, Seigneur, j'ai espéré ; je ne serai point confondu pendant l'éternité*. Ce grand homme, en moins de onze ans passés dans les missions, avait baptisé près de deux millions d'infidèles, étendu les bornes du monde chrétien à près de cinq mille lieues au-delà de ses anciennes limites et consolé l'Eglise romaine de la défection du nord de l'Europe.

Au Japon il avait fondé les importantes chrétientés de l'île de Firando, celle de Saxuma et Bungo, comprenant presque toute l'île de Kiou-Siou, et il avait entamé la grande île de Niphon par le royaume de Naugato ou d'Amanguchi.

III

Dieu continue à bénir les travaux des Jésuites. — Première Martyre. — Ambassade japonaise à Remo.

L'impulsion donnée par saint François-Xavier ne se ralentit pas après lui.

Trois nouveaux missionnaires envoyés par lui, les pères Balthazar Gago, Edouard de Sylva et Pierre d'Alcaceva vinrent se mettre aux ordres du P. de Torrez à Amanguchi. Dans une assemblée des principaux d'entre les chrétiens, on régla les mesures à prendre pour que l'Evangile fût prêché partout d'une manière uniforme, pour créer des hôpitaux où l'on recevrait tous les nécessiteux, même infidèles, pour confier la distribution des aumônes à ceux que leur vertu et leur naissance rendaient les plus considérables. Ainsi les premiers chrétiens du Japon imitaient les premiers chrétiens de Jérusalem et de Rome dans leur charité en attendant de les imiter dans leur constance. Les biens étaient en quelque sorte communs entr'eux, les riches ne se considérant que comme les économes des pauvres. C'est ainsi, et ainsi seulement, que l'égalité des conditions cesse d'être une utopie.

Six ans furent employés à cette importante organisation dont la renommée charma bientôt les païens. En 1554, on comptait jusqu'à quinze cents personnes baptisées dans le royaume d'Arima où aucun prêtre n'avait encore pénétré.

Un prince du royaume de Firando, possesseur des deux îles de Tacuxima et d'Iquizeuqui, appela le P. Gago, se convertit avec sa femme et son frère et se mit à instruire lui-même ses vassaux, si bien qu'en deux mois il fit quatorze cents chrétiens.

La ferveur des néophytes de ce royaume leur mérita la gloire de donner au Christianisme le premier martyr dont le sang ait arrosé le sol japonais. Les fidèles de la ville de Firando, faute d'église, allaient faire leurs prières en commun au pied d'une grande croix dressée hors des murs. Une femme, esclave d'un païen, y allait comme les autres : son maître le lui défendit sous peine de perdre la vie. La mort ne fait pas peur aux chrétiens, répondit l'esclave, et dès le lendemain elle retourna à la croix. L'idolâtre l'ayant appris, sortit furieux de sa maison ; il vit de loin l'esclave qui s'en revenait et cou-

rut sur elle le sabre à la main. La courageuse
femme, sans s'émouvoir, se mit à genoux au
milieu du chemin et le barbare lui trancha la
tête.

En 1559, le P. Gaspard Viléla, portugais, fut
chargé d'aller reprendre à Méaco l'œuvre de
la prédication que les guerres civiles avaient
forcé François-Xavier d'interrompre. Il y a
deux empereurs au Japon : l'un pour le gouvernement spirituel ; on le nomme *Daïri* ou
Mikado, et il ne conserve qu'une préséance à
peu près nominale, débris illusoire d'une autorité jadis universelle et absolue ; l'autre, le
Séogun ou *Sama*, ou encore *Taïcoun* (1), souverain temporel, exerce seul un pouvoir réel,
bien qu'il fût encore alors plutôt le suzerain
que le maître des rois un peu éloignés de la
capitale.

L'empereur temporel accueillit le prêtre
étranger avec quelque faveur, d'autant que sa
parole ne pouvait que nuire à l'autorité du
chef religieux, le daïri, son rival. Viléla se mit
donc à parcourir Méaco, en surplis, avec un
crucifix à la main ; on le suivit d'abord par

____

(1) Ce titre de Taïcoun paraît être un nom propre gé-
néralisé — celui de Taïco-Sama dont nous parlerons bientôt — comme parmi nous le nom de César. Il paraît
avoir décidément prévalu.

curiosité, puis par conviction. Les courtisans, qui n'osaient se déclarer pendant le jour, le visitaient pendant la nuit. Un gentilhomme d'Amanguchi donna le premier l'exemple du courage ; il se fit baptiser et, après lui, dix de ses amis. Un fameux bonze du nom de Quenxu, qui passait pour infaillible, visita le missionnaire moins par curiosité que par vanité : « Je ne viens pas pour apprendre quelque chose de nouveau, lui dit-il dès l'abord, mais je ne serais pas fâché de me renseigner sur ce que vous savez. » Toutefois, dès que le Père, avec cette modestie qu'inspire une conviction profonde, eut commencé le développement des vérités chrétiennes, si simples et si bien enchaînées : l'unité de Dieu, la création, la chute, la rédemption de l'homme ; le bonze devint sérieux, pâlit et demeura immobile : « Baptisez-moi ! Baptisez-moi ! » fut la seule réponse qu'il fut en état de proférer. Viléla se rendit sur le champ à ses désirs et, à la nouvelle de cette conversion, quinze bonzes suivirent l'exemple de Quenxu. Vainement les autres, calomniant le saint sacrifice de la messe, traitèrent les chrétiens d'anthropophages : le plus grand embarras du Jésuite fut de trouver du temps pour suffire à l'instruction de tous.

2.

Mais la conquête la plus importante fut celle d'un général qui, ayant entendu le P. Viléla prêcher sur une place publique, entreprit de le réfuter, à la fin du sermon, et finit par avouer ingénuement son ignorance et ses erreurs. Il fut baptisé, lui, sa femme et son fils, âgé de quatorze ans. Ce dernier reçut le nom de Juste. C'est, dit ici le P. Charlevoix, l'historien du Japon, c'est le fameux Juste Ucondono, si célèbre dans l'histoire ecclésiastique de son siècle, illustre par ses grandes actions, plus illustre encore par ses vertus et par ses souffrances pour la cause de Dieu, et qui eût fait l'ornement de sa nation si l'ingratitude de sa patrie ne l'eût forcé d'aller mourir sur une terre étrangère.

Un simple frère jésuite, Louis Almeïda, fut celui dont Dieu se servit pour répandre la divine semence dans le royaume d'Omura. Sumitanda, prince éclairé autant que brave, gouvernait ce pays. Ayant lu par hasard un livre du P. Viléla, il se sentit porté à se faire chrétien et, pour donner à ses sujets plus de facilités de le devenir aussi, il ouvrit un de ses ports, en toutes franchises de droits, aux Portugais, et demanda par lettre un missionnaire au P. de Torrez. Il accueillit le F. Almeïda avec toute la distinction possible. Sans nul respect humain, il se fit broder une grande croix sur ses habits et alla, en cet équipage, visiter son frère, le roi d'Arima, à qui il persuada d'ouvrir aussi un port franc aux trafiquants étrangers.

Les deux rois et le prince de Ximabarra, époux de leur sœur, ne tardèrent pas à solliciter le Baptême. On devine qu'ils eurent des imitateurs. Nouveaux Constantins, ils arborèrent la croix sur leurs étendards, abattirent leurs idoles de leurs propres mains et abolirent à peu près entièrement le paganisme sur leurs terres. Le ciel, dans plusieurs circonstances critiques, leur donna de sa protection des preuves miraculeuses mais qui, malheureusement, seraient trop longues à raconter.

La conversion des familles royales d'Arima et d'Omura amena celle de plusieurs autres rois ou princes, les voisins ou leurs alliés. Ce furent le seigneur de l'île d'Amakusa et le roi du petit archipel de Gotto ; les rois de Tamboa, de Bony, de Boari ; le roi de Tosa, le plus puissant des quatre souverains qui se partageaient l'île de Xicoco, la troisième des grandes îles japonaises ; ensuite le célèbre Civandono, roi de Bungo, qui, après avoir entendu saint François-Xavier lui-même, résistait à sa grâce depuis vingt-sept ans.

L'empereur Nobunanga, trop ami des conquêtes et des plaisirs pour courber sa tête orgueilleuse sous la nouvelle loi, marquait néanmoins en toute occasion son estime pour elle. Juste Ucondono, devenu généralissime de ses troupes, était tout-puissant à la cour impériale et y donnait l'exemple de toutes les vertus chrétiennes et militaires.

Enfin, le P. Viléla alla prêcher à Nangazaqui. Cette ville n'était alors qu'un village ; son port et son excellente situation à la pointe méridionale de Kiou-Siou et non loin de la Chine, y attirèrent bien vite le commerce portugais et, avec lui, le mouvement, la richesse et une population nombreuse. Elle dépendait du roi d'Omura et fut bientôt une ville chrétienne.

Ainsi, vingt ans après l'arrivée de saint François-Xavier, le Christianisme avait jeté dans tout le Japon les plus profondes racines. De nouveaux ouvriers, Froez, Organtin, Cabral, arrivaient d'Europe, d'autres se recrutaient dans le pays même; ils ne suffisaient plus à l'abondance de la moisson. Tel était le respect des indigènes pour ces messagers du ciel, qu'en allant les attendre au débarquement, ils entraient dans l'eau jusqu'à la ceinture pour être les premiers à recevoir leur bénédiction. Les cités, les villages, les hameaux les plus reculés s'embellissaient de chapelles, se peuplaient de novices et d'aspirants au sacerdoce dans les noviciats, d'étudiants dans des colléges richement dotés. Les retraites annuelles, les pèlerinages ne contribuaient pas peu à entretenir la ferveur. Le sanctuaire le plus souvent visité était la grande église de Méaco, sous le vocable de saint Michel-Archange. Dans une sorte de concile tenu en 1581 par le P. Valignan, visiteur de la Compagnie de Jésus, le dénombrement général de l'Eglise japonaise donna un total de cent cinquante mille fidèles dispersés par les îles, sous la direction de cinquante-neuf jésuites, dont vingt-trois seulement étaient prêtres et les autres *scolastiques* ou frères coadjuteurs.

Mais rien n'attesta mieux combien sérieuses étaient les résolutions des nouveaux fidèles, que l'ambassade envoyée à Rome, au mois de février 1582, par les rois de Bungo, d'Omura et d'Arima, dans la personne de quatre de leurs neveux ou cousins. Les souverains de l'Europe protestante durent être bien étonnés de voir venir du bout du monde et de pays à peine découverts, réclamer les places laissées vides par leurs propres ambassadeurs dans la basilique de Saint-Pierre. Le Portugal et l'Espagne accueillirent les envoyés du Japon avec un cérémonial presque royal; l'ambassadeur de France à Madrid les sollicita de passer par Paris; Florence, Ferrare, Venise, Mantoue, donnèrent en leur honneur leurs plus magnifiques fêtes; le pape Grégoire XIII pleura à leur vue et ne pouvait se satisfaire de les embrasser. Il approuva tout ce qui avait été fait pour l'organisation de la nouvelle chrétienté, régla l'érection d'un évêché pour la diriger et assigna sur ses revenus une rente de quatre mille écus aux séminaires japonais. Sixte-Quint renvoya les ambassadeurs comblés de présents, après les avoir faits chevaliers et citoyens romains, et s'occupa immédiatement, sur leurs prières instantes et à leur considération, de la béatification de l'Apôtre des Indes et du Japon.

Mais à leur retour dans leur pays, après huit ans d'absence, les choses avaient bien changé de face.

IV

L'Empereur Taïco-Sama. — Causes de la Persécution. — Arrestation de saint Pierre-Baptiste, de saint Paul Miki et de leurs compagnons.

L'empereur temporel Nobunanga, l'ami des missionnaires ou, pour mieux dire, l'ennemi des Bonzes, avait été tué dans une émeute par un de ses généraux. Juste Ucondono fit justice de l'assassin, mais il ne put empêcher un autre général de recueillir l'héritage du défunt et de se faire proclamer empereur sous le nom de Taïco-Sama.

Taïco était né fort loin du trône ; il avait été bûcheron, puis valet d'un courtisan de Nobunanga ; son élévation dut faire bien des envieux et la plus vulgaire prudence lui commandait de s'appliquer à désarmer les mécontents, loin d'en accroître le nombre. Les commencements du nouveau règne furent donc assez paisibles et les chrétiens continuèrent de jouir d'une protection apparente, à la faveur de laquelle leur nombre fit plus que doubler en peu d'années. Ce n'était point ce que s'était proposé Taïco-Sama. Aussi dès qu'il vit d'un côté le peuple plus accoutumé à sa domination et de l'autre sa cour presque toute chrétienne et le succès futur de ses secrets desseins de plus en plus compromis, l'empereur cessa de se contraindre et l'église naissante comprit qu'il fallait se préparer au combat.

Le ciel lui-même sembla prendre soin d'annoncer, par les bouleversements de la nature, des malheurs prochains. « Le 22 juillet 1596, tomba quantité de cendre, menue comme neige, qui couvrit les arbres et maisons de Méaco; et ès villes de Sacaï et d'Osaca plut du sable fin, puis des cheveux blancs et longs... A Osaca qui est le port de Méaco, un tremblement de terre jeta bas toutes les superbes constructions de Taïco, opprimant six cents personnes; de même à Méaco le lendemain, et l'abattis des maisons fut si grand qu'il y mourut soixante-douze des concubines de Taïco, beau meuble d'enfer. Taïco sauta de son lit, emportant son fils dans ses bras, et demeura longtemps sans oser dormir dans maison quelconque, ainsi dans une cabane de cannes et roseaux (1). »

____

(1) Le P. Solier, *Hist. ecclés. du Japon*, liv. XI.

La manière dont commença la persécution ne fait honneur ni au caractère, ni à la finesse politique, d'ailleurs incontestable, du persécuteur. Ce prince, en parcourant les provinces du Japon, ne se contentait pas de soumettre les royaumes, mais comme il était le moins continent des hommes et qu'il craignait d'introduire la licence dans son camp en emmenant un sérail avec lui, il avait laissé ses concubines à Méaco et faisait enlever sans façon tout ce qui se pouvait trouver sur son passage de femmes et de jeunes filles à sa convenance. Un misérable débauché, la terreur de toutes les personnes honnêtes, servait de pourvoyeur à cet infâme. Une année ils avaient franchi les frontières d'Arima. Ce royaume ne manquait pas de beautés, mais toutes chrétiennes, et le ministre des débauches impériales y fut si mal reçu qu'il faillit y laisser sa vie. Outré de honte et de colère, il revient trouver Taïco qui justement était à table et avait bu outre mesure ; il raconte, non sans les amplifier, tous les dangers qu'il a courus. Tu seras vengé, s'écrie le Séogun en se levant, je jure de faire couper la tête à toutes les femmes et filles de ces chrétiens d'Arima ! A cet éclat imprévu de la haine du maître pour un culte que tous détestaient au fond du cœur, parce qu'il condamnait leurs vices, les compagnons de ses débordements, s'encourageant les uns les au-autres, appuient de leur mieux la dénoncia-tion, enflamment les ressentiments du mo-narque, parlent de son autorité méconnue et qui le sera toujours par des gens si amis de l'étranger, qui ne cessent de nouer avec lui des trames ténébreuses, qui même font pro-fession d'avoir pour chef religieux un souve-rain résidant on ne sait où, parmi les bar-bares d'Occident ; bref ils invoquent la raison d'état et ne se déclarent satisfaits qu'après avoir obtenu une promesse de proscription générale.

Le premier coup tomba sur Juste Ucondono qui était campé non loin de là avec l'armée impériale. Un aide-de-camp de l'Empereur vint lui déclarer qu'il eût à opter entre l'exil ou le retour au culte traditionnel de l'Empire. Si Taïco-Sama eût été de sang-froid, il y eût mis une moindre précipitation. Juste était cher aux soldats, habitués à vaincre sous ses ordres ; mais par bonheur pour Taïco, et, nous n'hési-tons pas à l'ajouter, par malheur pour son pays, Juste n'était ni un ambitieux ni un fai-seur de révolutions. Au lieu de se souvenir que le tyran n'était pas non plus arrivé au souve-rain pouvoir par des voies bien régulières, il répondit simplement : Je choisis l'exil, et au besoin, je choisirais la mort. Et il se disposa à partir.

Tous les vassaux de cet homme illustre et beaucoup d'officiers, ses compagnons d'armes ou ceux de son père, aimèrent mieux briser leur carrière que de l'abandonner. Toutefois il fut permis à Juste de vivre retiré chez des amis en simple particulier, jusqu'à l'an 1614, où il dut s'expatrier tout à fait.

Dans le même temps le P. Coéglio, supérieur des Jésuites, que l'Empereur avait honoré l'après-dinée d'une visite de deux heures, reçut ordre de réunir sans retard tous ses religieux à Firando et de s'embarquer avec eux pour les Indes dans les six mois.

Pour comble d'infortune, Sumitanda, prince d'Omura et Civandino, roi de Bungo, vinrent à mourir, tous deux en odeur de sainteté et particulièrement Civandono, à qui l'on a pensé à rendre les honneurs d'un culte public. Mais quoique privé de l'appui de ces deux grands promoteurs de la foi, le roi d'Arima déclara qu'il ne souffrirait point que les Jésuites sortissent de ses terres, et en cela il fut imité de tous les autres rois ou seigneurs convertis, si bien que Taïco-Sama crut devoir feindre d'avoir tout oublié, jusqu'au premier prétexte nouveau. Ce furent des missionnaires qui se chargèrent de le lui fournir.

Nous avons vu saint François-Xavier déclarer sa ferme intention d'appeler à son aide des ouvriers évangéliques de toutes les sociétés religieuses. Ses successeurs changèrent d'avis. Ils savaient que les âmes les plus droites, les plus désintéressées personnellement, les plus dévouées à un but commun, ne sont pas toujours à l'abri de ces petites jalousies, de ces rivalités de corps qui ont leur source non dans la haine d'une association étrangère, mais dans un amour trop exclusif de celle à laquelle on appartient. Ils se rappelaient saint Paul et saint Barnabé, ces deux grands modèles des missionnaires, obligés de se séparer un jour, faute de pouvoir s'entendre (1) et, afin de prévenir tout dissentiment du genre de ceux qui, un peu plus tard, amenèrent la ruine du christianisme à la Chine, ils avaient obtenu du pape Grégoire XIII un bref qui réservait à leur ordre seul le droit de prêcher au Japon.

On a peine à se figurer quelles rumeurs excita la prétendue omnipotence conférée par le Pape à la Compagnie de Jésus sur l'Eglise japonaise. Une relation écrite aux îles Philip-

___

(1) Saint Luc, *Actes des Apôtres*, chap. XV.

pines alla raconter en Europe qu'au premier effort de la persécution, de tant de milliers de Japonais que les Jésuites prétendaient avoir convertis, six seulement avaient tenu bon ; que de ces six on avait décapité deux, banni deux autres ; qu'ainsi il restait deux fidèles dans l'Archipel, et que les missionnaires s'étaient sauvés de tous côtés. Ces calomnies trouvèrent créance dans beaucoup d'esprits. On voit que ce n'est pas d'aujourd'hui que les Jésuites ont l'habitude d'être attaqués et de l'être avec d'autres armes que des armes loyales. Saint Ignace de Loyola, en mourant, souhaita des persécutions à l'ordre qu'il avait fondé. Certes, si jamais vœu fut exaucé, c'est celui-là.

Le gouverneur des Philippines, convaincu du mauvais état des affaires du christianisme au Japon, y envoya quatre Pères Franciscains, sous la direction du P. Pierre-Baptiste, humble mais éloquent religieux, qui s'était démis de ses dignités dans son ordre afin de vivre en solitude et qu'il supplia d'accepter cette importante fonction ; seulement, afin de ne point contrevenir à la bulle du Pape, il les fit partir comme ambassadeurs. Ces nouveaux ouvriers furent fort surpris de la situation florissante des missions où ils abordaient et du cordial accueil des Jésuites du collége de Nangazaqui. Ils se mirent à l'œuvre résolûment et avec succès, et bâtirent à côté de leur couvent de N.-D. de la Portiuncule un hôpital où ils servaient eux-mêmes les malades. Ils furent suivis de plusieurs Dominicains et Augustins.

Ici se place le trait de forfanterie insensée de ce pilote espagnol qui, pour empêcher la saisie de son navire, imagina de faire peur aux Japonais. « Mon maître, leur dit-il, depuis qu'il a hérité du Portugal, possède les Indes, l'Amérique et les plus belles contrées de l'Europe et de l'Afrique. Regardez cette mappemonde : le soleil ne se couche pas sur nos terres ! » Et avec une emphase toute castillane, il promena les yeux de ses auditeurs dans l'un et l'autre hémisphère, les arrêtant sur toutes les provinces de la domination du Roi catholique. — Mais c'est la moitié du monde ! s'écria un courtisan de l'Empereur qui se trouvait là. Et comment donc a-t-on pu former une aussi vaste monarchie? — Rien de plus simple, reprit le pilote. Nos rois commencent par envoyer des religieux pour instruire les peuples dans notre loi et quand ils ont fait assez de prosélytes, ils envoient des soldats qui, renforcés de tous les nouveaux chrétiens, n'ont pas de peine à venir au bout du reste. Voilà notre secret.

Le courtisan ne laissa point tomber à terre un discours de cette nature et il est aisé de juger quel effet produisirent ces révélations sur l'ombrageux et violent Taïco-Sama. La nuit du 9 décembre 1596, les gouverneur d'Osaca et de Méaco eurent ordre de donner des gardes aux Religieux de Saint-François et à ceux de la Compagnie de Jésus.

Il ne se trouva que trois Jésuites dans les maisons entourées. Tous trois étaient japonais : le P. Paul Miki, fils d'un capitaine de l'armée de Nobunanga et célèbre prédicateur, le portier Jacques ou Diégo Kysaï et un jeune catéchiste de dix-huit ans, du nom de Jean Soan, des îles de Gotto, chargé du soin de la sacristie. Ces deux derniers n'avaient pas encore prononcé leurs vœux. On raconte du portier Jacques Kysaï que la lecture de la Passion de Notre Seigneur avait pour lui un attrait tout particulier qui le faisait fondre en larmes et qu'il ne se possédait pas de joie lorsqu'il se vit condamner à mourir en croix, comme le fils de Dieu. Le sacristain Jean Soan aurait pu s'évader aisément, mais il ne songea qu'à mettre en sûreté les vases sacrés confiés à sa garde.

Les Franciscains se rencontrèrent au nombre de six : trois prêtres, un clerc et deux frères.

Les prêtres, tous Espagnols, étaient le P. Pierre-Baptiste, commissaire ou supérieur de tous, né au diocèse d'Avila, âgé de quarante-huit ans, mais déjà vieilli dans les fatigues de l'apostolat aux Philippines et au Japon; le P. Martin d'Aguirre ou de l'Ascension, natif de la Biscaye, et le P. François Blanco, de Monterey-en-Galice. Ces deux derniers étaient âgés de trente ans environ.

Le clerc se nommait Philippe de Las Cases ou de Jésus; c'était un Américain né à Mexico, mais de parents espagnols; les orages de sa jeunesse avaient fait présager en lui tout autre choses qu'un saint; il avait même quitté une première fois, par faiblesse, puis repris l'habit de Saint-François d'Assises, et sa mort fut un grand encouragement pour les âmes tentées de désespérer de leur salut en raison de leurs fautes et de leurs inconstances passées.

Les deux religieux non engagés dans les ordres sacrés étaient Gonzalès Garcia, très-riche marchand, né à Bazain, dans les Indes, d'une famille portugaise, et qui, embrassant volontairement la pauvreté, s'était attaché au P. Baptiste; et François de Parilha ou de Saint-Michel, du diocèse de Palencia en Castille. Ce dernier avait été favorisé du don des miracles. Une femme indienne était près d'expirer et avait déjà perdu la parole; François la lui rendit en formant le signe de la croix sur la bouche du malade, qui put ainsi réclamer le baptême. Une autre fois, par la vertu du même signe de notre rédemption, il guérit un indien de la morsure mortelle d'un serpent.

Grâce à la connivence secrète de plusieurs grands personnages, le nombre des laïques poursuivis au nom de l'empereur fut réduit à douze. Voici leurs noms : Paul Suzuki ou Surquesy, catéchiste et écrivain; François, de Méaco, médecin, homme de quarante-six ans; Bonaventure, ancien bonze, de Méaco; Jean Chimoya, domestique; Thomas d'Anki ou Xico, de Méaco, interprète; Léon Caraïmaro et son frère Paul Ibarki, interprètes; Joachim Saccaquibarra, d'Osaca, infirmier, homme de quarante ans; Gabriel de Duisco, âgé de dix-neuf ans, élèves des Franciscains; Côme Takuggia, fourbisseur de profession; Michel Cosaki, armurier; enfin Mathias, pourvoyeur du couvent.

Ils étaient gardés avec les Pères Franciscains, chez lesquels on les avait arrêtés. Comme ils avaient néanmoins la liberté de sortir sur parole, il se trouva que Mathias était absent lorsqu'on vint les chercher pour s'acheminer au lieu du supplice. Un artisan du voisinage,

entendant l'huissier qui criait de toute sa force.
« Où donc est Mathias ? » s'approcha et lui dit:
« Voici Mathias ; je ne suis pas celui que vous
cherchez, mais j'ai le même nom et je suis
chrétien comme lui. — Cela suffit, dit l'huissier ; tout ce qu'il me faut c'est d'avoir mon
compte. Demeurez avec les autres. » Et le généreux chrétien, ravi de joie, se félicita d'a-
voir été, comme l'apôtre, son patron, *ajouté
aux onze* (1).

Il y avait aussi trois enfants qui servaient à
l'autel chez les Franciscains. Ils se nommaient
Louis, Antoine et Thomas. Louis n'avait que
douze ans et les deux autres pas plus de quinze.
Antoine était de Nangazaqui. Louis était neveu
de Paul Ibarki et de Léon Caraïmo ; Thomas
était fils de l'armurier Michel Cosaki. Louis,
baptisé seulement depuis quelques jours, n'a-
vait pas d'abord été mis sur la liste, mais
comme on voulut le renvoyer il se mit à pleu-
rer et jeta de si grands cris qu'on dut, pour
l'apaiser, l'inscrire avec les autres. Le nombre
des prisonniers était donc de vingt-quatre, y
compris les trois enfants. Nous verrons comment il fut élevé à vingt-six.

(1) *Actes des Apôtres*, chap. I.

V

Ferveur admirable des Chrétiens. — Les vingt-six Martyrs.

Taïco-Sama avait commandé en même temps qu'on dressât une liste de tous ceux qui fréquentaient les églises ; mais le nombre s'en trouva si considérable que le ministre chargé de ce soin la supprima en disant que l'intention de Sa Majesté n'était pas de dépeupler ses Etats. Une proscription en masse n'en était pas moins attendue et cette prévision excita d'admirables mouvements de foi.

Un fils du Grand-Maître de la maison de l'Empereur était à deux cents lieues de Méaco lorsqu'il apprit l'arrestation des Missionnaires ; il partit sur-le-champ, voulut congédier ses domestiques dont la plupart protestèrent qu'ils désiraient mourir avec lui, et se déguisa en prêtre afin d'être plus sûrement arrêté. Un autre grand seigneur, de crainte qu'on n'osât venir le saisir chez lui, alla se présenter de lui-même au ministre, sans suite, tenant par la main un petit garçon de dix ans et accompagné de sa femme qui portait dans ses bras une petite fille encore incapable de marcher. Un parent de Taïco, à qui ce prince avait donné trois royaumes, s'enferma chez les Jésuites pour mourir avec eux. Partout on rencontrait des gens dont la grande préoccupation était de ne point manquer l'occasion du martyre.

Un vieil officier octogénaire, baptisé depuis six mois et dont l'esprit n'avait pu encore se bien pénétrer de la douceur de l'Evangile, croyait devoir se préparer de tout autre manière, en rappelant la vigueur de sa jeunesse et en fourbissant son épée. Son fils lui ayant fait observer que les premiers chrétiens, quand ils recevaient la mort pour Dieu, la recevaient sans se défendre : Sans se défendre, reprit le bonhomme tout en colère, et se laisser massacrer comme un lâche ! Mon fils, voulez-vous donc déshonorer notre nom ? Allons, suivez-moi chez les Pères. Si les soldats osent les toucher, j'en abattrai bien cinq ou six, tout vieux que je suis, et quand on m'aura désarmé ou coupé le bras, alors je mourrai volontiers martyr. — Mais, mon père, croyez-moi, vous interprétez mal les enseignements du christianisme. Il n'est point nécessaire d'aller au devant de la mort ; il est même quelquefois prudent de s'y soustraire.

J'ai un fils fort jeune ; retirez-vous à la campagne avec cet enfant, l'espoir de notre race. — Non ! non ! répliqua le vieillard, il ferait beau me voir fuir la mort, la mort que j'ai défiée dans quarante batailles ! Je te le déclare, je casserai la tête au premier qui portera la main sur nous ! — Il entra ainsi, plein d'émotion, chez sa belle-fille qu'il trouva occupée à se faire une robe ; il vit en même temps tous les domestiques s'empressant de préparer, l'un son reliquaire, l'autre son chapelet, un autre son crucifix ; il demanda la cause de tout ce mouvement ; on lui répondit qu'on s'armait pour le martyre : Quelles armes prenez-vous là ? s'écria-t-il. Et vous, ma fille, pourquoi cette belle robe neuve ? Êtes-vous invitée à quelque fête ? — Oui, mon père, répondit la jeune dame, et j'ai voulu être parée, comme pour une fête le jour où l'on me mettra en croix, car on m'assure qu'on y va mettre tous les chrétiens. — Elle dit cela d'un air si doux, si tranquille, si content, qu'elle déconcerta son beau-père. Il demeura quelque temps à la regarder en silence ; puis, comme s'il fût revenu d'une profonde léthargie, il jeta son épée, tira son chapelet et le tenant dans ses mains : « C'en est fait, dit-il, je veux mourir comme vous ! »

Le 3 janvier 1597, on mena les vingt-quatre prisonniers sur une place publique de Méaco, où on leur coupa à chacun un bout de l'oreille gauche. Leur joie et leur tranquillité, celle surtout des enfants, dont le sang coulait sur leurs joues, attendrirent tous les spectateurs. On les promena ensuite de ville en ville, jusqu'à Nangazaqui, sur des charettes où était attachée cette inscription : « *Moi, Taïco-Sama, j'ai condamné ces gens à la mort parce qu'ils sont venus des Pilippines, se disant ambassadeurs et ne l'étant pas, qu'ils ont séjourné dans mon empire sans ma permission et prêché leur loi, malgré ma défense. Je veux qu'ils soient crucifiés à Nangazaqui.* » Le but de cette exhibition était d'intimider les chrétiens ; elle amena un résultat tout opposé. Le P. Miki, le P. de l'Ascension et le P. Baptiste, dignes chefs de cette glorieuse troupe, ne cessaient de prêcher au peuple qui couvrait les chemins, les arbres et les toits sur leur passage. Les bonzes se plaignaient hautement que l'empereur choisit de si mauvais moyens pour ruiner l'Evangile, et qu'il ne faudrait pas beaucoup de voyages comme celui-là pour l'étendre au contraire en tous lieux.

Le voyage par terre était de près de trois cents lieues et dura un mois. Les prisonniers

eurent beaucoup à souffrir de l'intempérie de
la saison. Un soir, ils furent consignés dans un
village du Naugato, à un officier qui les enferma tous ensemble, comme un troupeau, dans
une étable malpropre, obscure et infecte. Miki,
touché de voir souffrir ses compagnons et
surtout les trois enfants, chercha l'occasion de
voir cet officier. Il lui parla de Dieu et lui dit
des choses si touchantes, que non-seulement
il lui inspira de l'humanité, mais qu'il en fit un
fervent chrétien. La même chose arriva en
d'autres endroits.

Un bon paysan, nommé Pierre Cosaki (d'autres disent Pierre Sukegiro), et un charpentier
du nom de François Dauto ou Fahelente, baptisé depuis huit mois, s'étaient mis à leur
suite, chargé de rafraîchissements pour eux.
D'abord les gardes les laissèrent faire, mais,
au bout de quelques jours, ils s'impatientèrent
du spectacle de cette compassion qui contras-
tait avec leur propre dureté et demandèrent
aux nouveaux venus s'ils étaient chrétiens
aussi. Sur leur réponse affirmative, il les joignirent aux autres prisonniers, sans autre
forme de justice. C'est ainsi que le nombre
des martyrs se trouva porté à vingt-six.

L'empereur, à qui l'on rapporta cet événe-
ment, ne put s'empêcher de dire : il faut avouer

que les chrétiens ont du courage et qu'ils s'ai-
ment véritablement les uns les autres.

Le gouverneur de Nangazaqui les attendait
à trois lieues de cette ville. Ce gentilhomme
avait autrefois connu particulièrement Paul
Miki et fut très-surpris de le voir parmi ceux
qu'il était chargé de faire mourir. Il l'aborda
les larmes aux yeux et le supplia de se laisser
délivrer en abjurant. Paul lui répondit : « Quand
« on meurt pour Dieu, on n'est pas à plaindre.
« Je ne vous demande qu'une chose, c'est
« qu'à Nangazaqui vous nous donniez le temps
« de nous confesser et de communier. Je sou-
« haiterais aussi de mourir le vendredi, parce
« qu'étant âgé de trente-trois ans et condamné
« au supplice de la Croix, il ne me manque-
« rait plus, pour compléter ma ressemblance
« avec la grande Victime immolée pour mon
« salut, que la conformité du jour. »

Le gouverneur lui promit tout. Il se tourna
alors vers le petit Louis : Mon enfant, lui dit-il,
vous êtes bien jeune ; si vous voulez entrer à
mon service, je vous délivrerai. L'enfant con-
sulta le P. Pierre-Baptiste. — Il acceptera votre
offre, dit le Père, sous une condition : lui sera-t-il permis de rester chrétien ? — Non, répondit le gouverneur. — Eh bien, répliqua
l'enfant avec fermeté, je ne veux pas, pour

cette vie misérable et courte, perdre les félicités de la vie éternelle.

Le tentateur échoua de même auprès du jeune Antoine, malgré l'aide du père et de la mère de cet enfant, qui, bien qu'ils fussent chrétiens, pleuraient et gémissaient autour de lui. Antoine détacha son sabre (car tous les Japonais, même les plus jeunes, portent à leur ceinture un sabre qui pend jusqu'à terre) ; il le donna à sa mère en lui disant : Je ne vous oublierai pas, je prierai Dieu pour vous au ciel. Cessez donc vos supplications et n'exposez pas ainsi notre sainte foi à la risée des païens, mais souvenez-vous que vous ne m'aviez donné la vie que pour le service de Dieu.

Le 4 février, les bienheureux champions de l'Evangile rencontrèrent les deux pères jésuites Pasio et Rodriguez, venus pour leur distribuer le sacrement de l'Eucharistie; mais le gouverneur, malgré la promesse faite à Paul Miki, ne leur en donna point le loisir, de sorte qu'on eut à peine le temps de s'embrasser de part et d'autre. Le supérieur des Franciscains supplia le père Rodriguez de présenter ses très-humbles salutations à l'évêque et d'assurer tous les pères de la Compagnie, qu'il était bien revenu des préjugés qu'on avait pu lui inspirer à leur égard : Je les supplie de nous pardonner, ajouta-t-il, les déplaisirs que nous leur avons causés. Le père Rodriguez se prosterna pour toute réponse, et demanda à son tour pardon au nom des Jésuites, s'il leur était arrivé de donner aux enfants de saint François quelque sujet de mécontentement. — Bien au contraire, reprit Paul Miki, puisque c'est *à l'ombre* des enfants de saint François que moi et deux novices de la Compagnie allons recevoir le martyre. Après quoi Jésuites et Franciscains s'embrassèrent tendrement.

Paul Miki fit à un de ses confrères une confession générale, puis il entendit celle de Jean de Gotto et de Jacques Kisaï et reçut leurs vœux comme novices dans la Compagnie. Pendant ce temps, les Franciscains se confessaient les uns aux autres et disposaient au combat les séculiers, qu'ils admirent dans le tiers-ordre de Saint-François. Enfin, on vint leur dire qu'ils étaient attendus pour le supplice, sur une colline au bord de la mer, tout près de Nangazaqui, celle-là même qui depuis a reçu le nom de *Mont-des-Martyrs* ou la *Sainte-Colline*, à cause des torrents de sang chrétien qui l'ont arrosée pendant près d'un demi-siècle. Ils s'y transportèrent sur-le-champ, et d'un pas si rapide, qu'à peine pouvait-on les suivre. Les croix étaient déjà dressées. Du plus loin qu'ils les aperçurent, ils coururent embrasser chacun la sienne.

« Les croix du Japon ont, vers le bas, une pièce de bois en travers, sur laquelle les patients ont les pieds posés, et une espèce de billot au milieu, où ils sont assis. On les lie avec des cordes par les bras, les cuisses et le milieu du corps ; on ajouta à ceux-ci un collier de fer qui leur tenait le cou fort raide. Dès qu'on a placé la croix dans son trou, un bourreau perce celui qui y est attaché d'une lance qui, entrant par le côté, sort par l'épaule ; quelquefois cela se fait en même temps des deux côtés, et si le patient respire encore, on redouble sur-le-champ, de sorte qu'un homme ne languit point dans ce supplice (1). »

Les vingt-six croix étaient rangées sur une seule ligne d'Orient en Occident et regardant Nangazaqui. Le P. Pierre-Baptiste fut mis au milieu entre le jeune Antoine et le P. Martin de l'Ascension ; il avait demandé à être cloué, mais on se contenta de le lier comme les autres.

Paul Miki, du haut de la plus glorieuse chaire où il fut jamais monté, déclara à haute voix qu'il comptait l'instant présent comme

____

(1) Charlevoix. *Hist. du Japon*, liv. x.

le plus heureux de sa vie. Il ajouta : Arrivé
au terme où vous me voyez, je ne pense pas
qu'aucun de vous me croie capable de mentir ;
or, je vous l'affirme, il n'y a point d'autre
moyen de salut que la religion chrétienne, et
comme cette religion nous ordonne de pardonner à nos ennemis, je déclare pardonner
de tout mon cœur à l'Empereur, notre maître,
et à tous les auteurs de ma mort. Puissiez-
vous seulement, ô mes compatriotes, comprendre et accepter le salut qui vous est offert !

Au moment où allait commencer l'exécution, Jean de Gotto aperçut son père, venu
pour lui dire un dernier adieu : « Courage !
mon fils, lui cria ce digne homme vraiment digne d'avoir donné le jour à un martyr. Courage ! et sachez bien que votre mère et moi
nous sommes plus fiers de vous voir là que
sur un trône, et que nous vous suivrons tous
deux si l'occasion s'en présente ! » Ce père
héroïque eut le courage de rester au pied de
la croix ; il reçut une partie du sang de son
fils sur lui et ne se retira qu'après l'avoir vu
expirer.

Antoine invita le P. Baptiste à chanter le
psaume *Laudate, pueri, Dominum*. Le saint
religieux, qui était absorbé dans une profonde
contemplation, ne répondant rien, l'enfant le

commença seul et l'alla achever dans le ciel avec les anges. Le F. Gonzalès répéta les paroles du bon larron : *Souvenez-vous de moi, Seigneur !* Le P. Miki s'écria : *Seigneur, je remets mon âme entre vos mains.*

Les exécuteurs, au signal donné, levèrent leurs lances et se mirent en devoir de frapper; un bruit confus de pleurs et de cris s'éleva, mais parmi les spectateurs. Les martyrs, les yeux fixés au ciel, reçurent le coup mortel presque tous au même instant. Le P. Baptiste expira le dernier. C'était le vendredi 5 février.

Aussitôt, forçant la haie des gardes, la foule se précipita, sans se soucier des coups de sabre. On trempait des mouchoirs dans le sang qui coulait à flots ; on le recevait dans les robes, dans les chapeaux ; on coupait les vêtements des martyrs, principalement ceux des religieux, qui demeurèrent sur leurs croix peu décemment vêtus, ce qui obligea de les couvrir de nattes, car si l'on eût mis quelque étoffe, on l'aurait enlevée encore, et c'eût été à recommencer.

L'évêque du Japon, qui se trouvait à Nangazaqui, avait fait les plus vives instances pour obtenir d'assister à la mort des saints martyrs. Le gouverneur inflexible l'avait consigné dans sa maison. Toutefois le vénéré pasteur avait pu, de sa fenêtre, suivre des yeux le grand drame de la colline ; et ne pouvant aider les bienheureux de sa voix, il les aidait de ses prières. Le soir, il put sortir et, accompagné de tous les missionnaires, il alla se prosterner aux pieds des croix et rendre aux corps des victimes un culte solennel de vénération. Le concours des fidèles fut si grand, que le gouverneur menaça de brûler toutes les maisons de la ville s'il continuait. Cette menace obligea l'évêque à défendre, sous peine d'excommunication, de franchir les barrières élevées par les soldats.

Les rois d'Arima et d'Omura, celui-ci ami intime de Paul Miki, y vinrent prier avec leur famille et toute leur cour.

Le ciel fit connaître par quantité de signes sensibles la gloire dont il avait récompensé le courage de ces vaillants soldats de l'Evangile. Lorsque, soixante-deux jours après, le corps du P. Baptiste fut détaché de la croix, il sortit de ses flancs une grande abondance de sang, dont plusieurs mouchoirs furent trempés. Le premier vendredi après le crucifiement, on aperçut pendant la nuit trois grands rayons qui, partant du ciel, aboutissaient aux croix des saints ; on eût dit trois colonnes de feu. Celle du milieu, après avoir brillé deux heures, alla se poser sur l'église des Jésuites de Nangazaqui, puis se dissipa. Il apparut aussi d'autres météores lumineux qui rendaient la nuit presque aussi claire que le jour et qui suivaient la route par où les martyrs étaient arrivés sur la sainte colline (1). Le pape Urbain VIII, après informations juridiques, permit d'honorer les vingt-six martyrs comme Bienheureux et d'en faire l'office, pour les trois jésuites dans les églises des Jésuites, et pour les autres dans celles des Franciscains, en attendant la solennité d'une pleine canonisation, solennité qui était réservée à l'année 1862 et au pontificat si rempli du glorieux Pie IX.

Le gouverneur des Philippines fit réclamer leurs restes précieux, qui furent reçus en grande pompe à Manille, sauf ceux des trois Jésuites qui furent portés à Macao, en Chine.

(1) Bolland. *Acta Sanctorum*, 5 febr.

VI

Taïco-Sama était occupé d'une part à se faire
bâtir des temples et à se faire adorer comme
Dieu ; de l'autre, à préparer l'embarquement
forcé de tous les missionnaires pour les Indes,
lorsqu'au beau milieu des fêtes de son apothéose, le nouveau Dieu fut enlevé par la fièvre, comme un simple mortel.

Grand capitaine et profond politique malgré ses cruautés et ses vices, il avait établi
pour unique loi de l'empire la volonté du maître, la volonté sans plus, sanctionnée par un
système de pénalités sommaires et vraiment
draconiennes. Cette révolution politique avait
été préparée par Nobununga, et le valeureux
Juste Ucondono avait contribué plus que personne à l'amener, sans en prévoir les conséquences ; mais une fois l'unité du Japon consommée, on s'aperçut que si ce résultat était
désirable peut-être au point de vue de la grandeur nationale d'un pays qui tient à peser sur

ses voisins, il était désastreux au point de vue de la liberté intérieure. Autant la centralisation de toutes les forces sociales dans une seule main est puissante pour le bien, si cette main est pure est bien dirigée, autant elle lui est redoutable dans le cas contraire. Taïco-Sama éleva le Japon à l'apogée de sa splendeur ; il soumit la Corée et projeta la conquête de la Chine, mais il commença dans son empire l'extinction du Christianisme. Il y fit reculer la civilisation, où plutôt il la retarda d'un nombre de siècles qui n'est connu que de Dieu seul.

Mais si la politique de Taïco lui a survécu, il fut moins heureux dans les mesures prises pour en assurer le bénéfice à sa race. Celui de ses généraux qu'il choisit comme tuteur à son fils, eut soin de se rappeler à propos l'usurpation du père et de faire en tout comme lui. Il prit le nom de Cubo-Sama en le faisant toutefois précéder de celui de taïco ou taïcoun, qui devint désormais synonyme du titre d'empereur temporel. (1)

---

(1) Les changements de nom mettent beaucoup d'obscurité dans l'histoire japonaise. Le même homme dans le P. Charlevoix, s'appelle Faxita comme général, Cambacundono comme régent, et Taïco-Sama comme empereur ; son successeur se nomme tour à tour, en des conditions identiques. Ijésas ou Géiazo, Dajfu-Samo ou Cubo-Sama. Nous avons préféré n'employer que la dernière dénomination, comme étant la principale.

4

Les premières années du nouveau gouvernement furent, comme celles du dernier règne, toutes consacrées à la conciliation des gens paisibles et à la compression des mécontents. Les commencements d'une domination mal acquise ne sont point favorables aux entreprises qui bouleversent les consciences. Il n'y eut donc d'abord que des persécutions locales, suscitées par les petits rois ou *daïmos* japonais qui, descendus au rang de simples gouverneurs, cherchaient à faire leur cour au Séogun. Nous en rapporterons deux traits seulement.

Au royaume de Fingo, deux citoyens paisibles, Jean Minani Gorosaïmon et Simon Gifloïc Taquenda, édifiaient singulièrement les fidèles par leur piété. Madeleine, la femme du premier, avec un enfant nommé Louis, leur fils adoptif, et Jeanne et Agnès, la mère et la femme du second, complétaient ces deux vertueuses familles. Le roi désespérant de les ramener au culte des idoles les condamna tous à mort. Minani, à cette nouvelle, alla tout droit se mettre à la disposition du gouverneur; celui-ci, qui le connaissait, l'invita à dîner et n'omit rien pour l'ébranler. Après le repas, il lui montra sa condamnation signée de la main du roi. L'arrêt est en règle, répondit Minani, faites votre devoir, je suis prêt.

On le mena dans une chambre voisine, où il fut décapité, le 8 décembre 1602, dans sa trente-cinquième année.

Le même jour, le gouverneur, qui était l'ami intime de Taquenda, se rendit chez lui, après l'avoir fait prévenir qu'il désirait lui parler en présence de sa mère et de sa femme. En l'apercevant, il fondit en larmes, et Taquenda ne put retenir les siennes. « Madame, dit le gouverneur à Jeanne, vous connaissez sans doute le malheureux sort de Minani. Joignez-vous à moi, de grâce, pour fléchir l'obstination de votre fils, sinon il est perdu, lui aussi. — Perdu ! répliqua la généreuse dame ; il est sauvé, tout au contraire, et je n'ai rien à lui dire, si ce n'est qu'on ne saurait payer trop cher un bonheur éternel. — Le gouverneur se retira fort triste et, sur le soir, il envoya à Taquenda un de ses parents pour lui porter l'arrêt fatal et en être l'exécuteur. Taquenda attendait la sentence ; il la reçut comme un présent agréable, se retira un moment afin d'en remercier le ciel, et passa dans l'appartement de sa mère et dans celui de sa femme pour leur en faire part. Ces deux héroïnes, au lieu d'éclater en sanglots, se levèrent et se mirent à préparer toutes choses pour l'exécution. Taquenda, de son côté, mit ordre à ses affaires. Quand tout

fut prêt, Agnès se jeta aux pieds de son mari
et le supplia instamment de lui couper les
cheveux, parce que, dit-elle, sa résolution
était prise de n'avoir après lui jamais d'autre
époux que Jésus, à moins qu'on ne les réunit
immédiatement dans la mort. Après avoir
achevé ses prières, ramené à la foi par ses
exhortations un de ses amis, dont la peur
avait fait un apostat, embrassé tendrement sa
mère et sa femme, congédié et récompensé
ses domestiques et s'être recueilli un moment
aux pieds d'un crucifix, Taquenda présenta
sa tête à l'exécuteur qui la lui trancha d'un
seul coup, le 9 décembre, deux heures avant
le jour. Les deux dames qui avaient eu le courage d'assister à ce spectacle tragique, eurent
encore la force de prendre dans leurs mains
la tête du martyr, de l'embrasser et, en l'élevant vers le ciel, de supplier Dieu, par les
mérites d'une mort si précieuse, d'agréer
aussi le sacrifice de leur vie.

Sur le soir, elles furent agréablement sur-
prises de voir entrer chez elles Madeleine, la
veuve de Miniani, avec le petit Louis : « Bé-
nissons le Seigneur, s'écria Madeleine, je viens
vous annoncer qu'on nous envoie toutes re-
joindre nos chers défunts. » Jeanne et Agnès
montrèrent une joie qui touchait au ravisse-

ment, et il n'y eut pas jusqu'au petit Louis qui, après s'être assuré qu'on ne le séparerait point de sa mère, ne parut tout heureux. Il n'avait que six à sept ans, mais la grâce suppléait en lui à la raison. Ajoutons que toutes les relations s'accordent à présenter les enfants japonais comme merveilleusement précoces. Le Martyrologe du Japon est vraiment le triomphe de l'enfance.

On attendit la chute du jour pour les mener au supplice, et on les y porta dans des palanquins pour leur épargner les insultes de la populace. C'était peut-être la première fois qu'on crucifiait des personnes de cette qualité. Les servantes de Jésus-Christ se plaignirent de ces ménagements inusités, et Jeanne demanda en grâce qu'on la clouât à la croix, pour que sa mort fût plus semblable à celle du divin Rédempteur; mais les bourreaux, qui n'en avaient point l'ordre, se contentèrent de la lier comme les autres. Ils l'élevèrent ensuite, et cette courageuse femme, se sachant entourée de nombreux spectateurs accourus malgré l'obscurité, se mit à proclamer à haute voix la vérité chrétienne. Elle parlait encore, lorsqu'elle reçut un coup de lance qui la blessa légèrement. Le bourreau redoubla sur-le-champ et lui perça le cœur.

4.

Louis et sa mère furent liés et élevés vis-à-vis l'un de l'autre. Tandis que Madeleine exhortait l'enfant, un bourreau le manqua aussi, le fer n'ayant fait que glisser : « N'aie point peur, cria la mère, invoque les noms de Jésus et de Marie ! » Louis, aussi tranquille que si rien ne fût arrivé, répéta : Jésus ! Marie ! et reçu un second coup dont il expira sur-le-champ ; et le soldat n'eut pas plus tôt retiré le fer de la plaie du fils, qu'il l'alla plonger dans le sein de la mère.

Restait la vertueuse Agnès, la veuve de Taquenda. Sa jeunesse, sa beauté, qui était ravissante, sa douceur et son innocence attendrissaient jusqu'aux exécuteurs. Elle était à genoux, en oraison, au pied de sa croix, et personne ne se présentait pour l'y attacher. Il fallut qu'elle s'y ajustât elle-même du mieux qu'elle put. Dans cette posture, elle attendit encore quelque temps ; enfin des misérables, pour gagner quelques pièces de monnaie, prirent la place du bourreau ; mais comme ils étaient fort émus et nullement exercés, ils lui portèrent quantité de coups avant de la blesser à mort. Elle souffrit tout cela avec tranquillité et ne cessa de prononcer les saints noms de Jésus et de Marie que lorsqu'elle cessa de vivre.

Un autre drame non moins touchant eut pour théâtre la banlieue de Nangazaqui, en 1605. Deux gentilshommes, Michel Faciémon et Jean Tingoro, furent menés, la corde au cou, hors des murs de cette ville pour y être martyrisés. Ils avaient chacun un fils : celui de Faciémon s'appelait Thomas et touchait à sa dixième année ; celui de Tingoro, nommé Pierre, n'avait que six ans ; Thomas avait été préparé dès l'enfance à la destinée glorieuse qui devait être la sienne ; lorsqu'il pleurait, il suffisait pour l'apaiser de lui dire : « Si tu es si douillet, tu ne feras jamais un martyr. » Au premier bruit qui se répandit de la condamnation de son père, il courut après lui, paré de ses plus beaux habits en lui disant : Courage ! mon père, je viens mourir avec vous. Ils eurent tous deux la tête tranchée, ainsi que Tingoro.

Le gouverneur, qui ne voulait point punir Tingoro à demi, avait ordonné qu'on fît mourir avec lui le petit Pierre. L'enfant était chez son aïeul : on eut quelque peine à le trouver. Il dormait. Un soldat l'éveilla et lui dit pourquoi. Tant mieux ! répondit le petit innocent. On l'habilla proprement et on le donna au soldat. La foule suivait, pleine d'attendrissement. Arrivé au lieu du supplice et sans paraître étonné, l'enfant se mit à genoux auprès du corps de son père, abaissa lui-même le collet de sa robe, joignit ses petites mains et tendit la tête. Il n'y avait personne qui pût regarder ce spectacle d'un œil sec ; le bourreau jeta son sabre à terre et se retira en pleurant. Deux soldats qui essayèrent successivement de prendre sa place firent de même. Il fallut avoir recours à un esclave coréen, qui, après avoir déchargé plusieurs coups sur les épaules de ce petit agneau, le hacha en morceaux plutôt qu'il ne lui trancha la tête. Les restes de ces martyrs furent recueillis précieusement et déposés à l'église des Jésuites d'Arima.

Le 5 octobre 1613, dans la ville d'Arima, trois gentilshommes chrétiens furent condamnés au feu avec leurs familles, en tout huit personnes. C'étaient Adrien Tacafati Mundo ; Jeanne, sa femme, sa fille Madeleine, âgée de vingt ans, et qui avait fait vœu de virginité, et Jacques, son fils, enfant de onze ans ; Léon Faiuxida Luguyémon et Marthe, sa femme ; enfin Léon Taquedoni Cumiémon, avec Paul, son fils, âgé de vingt-sept ans.

Au bruit de cette condamnation, il se fit un tel concours de chrétiens attirés de la banlieue et des campagnes dans la capitale, qu'on en compta jusqu'à vingt mille. Cette multi-

tude donna de l'alarme à la cour. On les somma
de se retirer, mais comme il parut difficile de
les y contraindre en cas de refus, on prit le
parti de se montrer rassuré par leurs démons-
trations pacifiques. Tous étaient désarmés,
contre la coutume japonaise, et n'avaient que
leur chapelet pendu au cou. Pendant trois
jours qu'ils demeurèrent campés sous les
murs de la ville, les chrétiens d'Arima les
nourrirent.

Le sept octobre, jour du supplice, Arima
fut témoin d'un triomphe étrange et dont il
n'y a peut-être pas eu d'autre exemple dans
l'histoire de l'Eglise. Les vingt mille chrétiens
étrangers, au signal qu'ils en reçurent, entrè-
rent et se joignirent à ceux de la ville, qui
étaient à peu près en même nombre. Les chefs
des confréries, car il y en avait d'organisées
depuis longtemps, réglèrent le défilé, dans
lequel prirent place les huit confesseurs. On
se mit en marche sur six personnes de front,
en très-bel ordre, chantant les litanies de la
Sainte-Vierge. Les chrétiens de la ville por-
taient à la main un cierge allumé et sur la
tête une guirlande de fleurs ; ceux du dehors,
qui n'avaient point de cierges, tenaient leur
chapelet. Les victimes de la foi marchaient au
milieu, les hommes revêtus de robes blanches,

les femmes parées de leurs habits de fêtes, et tous les mains liées derrière le dos. Ils étaient suivis des bourreaux et d'une compagnie de soldats: faible défense contre quarante mille hommes, mais plus que suffisante contre quarante mille chrétiens, tous également animés de la soif du martyre. En arrivant au lieu du supplice, les spectateurs se rangèrent sans confusion autour des palissades, et les martyrs, franchissant l'enceinte préparée, coururent se faire attacher à leurs poteaux. Ces poteaux étaient huit colonnes dressées sur un vaste bûcher, au milieu d'une esplanade.

Le peuple s'agenouilla, se frappant la poitrine et implorant la force du ciel pour les martyrs. En ce moment, la flamme s'éleva avec la fumée, et l'on fut quelque temps sans rien voir, puis au milieu d'un silence profond qui permettait d'entendre le pétillement du bois, les illustres mourants parurent immobiles, les uns regardant le ciel, les autres les yeux fixés sur une bannière qui représentait le fils de Dieu attaché à la colonne de la flagellation, et que le chef des confréries élevait vers eux du milieu de la foule. Ensuite on les vit tomber un à un en prononçant les noms de Jésus et de Marie.

Les liens qui attachaient le jeune Jacques

Mundo étant brûlés, cet enfant se mit à courir à travers les flammes. On crut qu'il cherchait à s'évader, mais lui, s'élançant vers sa mère, l'embrassa étroitement, pour mourir entre ses bras. Mon fils, lui dit cette femme incomparable, mon fils, regardez le ciel; mon fils, dites : Jésus, Marie! Le pauvre enfant répéta trois fois : Jésus, Marie! et tomba : la mère au même instant s'affaissa sur lui, et ils expirèrent ensemble.

D'un autre côté, Madeleine Mundo, la sœur de Jacques, donnait un spectacle digne d'une éternelle mémoire. Elle restait seule debout, et, quoique tout embrasée et comme vêtue de flammes, on eût dit qu'elle fût insensible, à la voir immobile les yeux au ciel, lorsque tout à coup on l'aperçut qui se baissait, ramassait des charbons ardents et s'en faisait une couronne. Il semblait qu'elle voulût se parer pour aller au-devant de son époux. Ensuite elle coula doucement le long de sa colonne, se coucha sur le brasier et expira.

Alors les spectateurs forcèrent les palissades et se précipitèrent sur le bûcher pour enlever les corps qui furent trouvés entiers. On les porta à Nangazaqui, dans l'église des Jésuites. L'évêque, après avoir entendu les témoins de leur mort, déclara publiquement, qu'autant qu'il lui appartenait, il reconnaissait martyrs de Jésus-Christ ces huit personnes. Il en fit dresser un acte public, d'où nous avons tiré le récit que nous venons de faire, à la gloire de celui qui combat, persévère et triomphe dans ses saints. Le pape Urbain VIII, dans le temps de la béatification de sainte Marie-Madeleine de Pazzi, envoya aux Carmélites de Florence, une croix où étaient enchâssées des reliques de Madeleine Mundo, qu'il appelle la *Bienheureuse* Marie-Madeleine, vierge japonaise. Dans ces paroles, copiées par Charlevoix sur l'original du bref, il est permis de voir une sorte de béatification de la vierge japonaise.

Malgré ces barbaries, ou plutôt à cause d'elles, comme les missionnaires, cachés et déguisés, n'avaient point cessé de parcourir le pays, le christianisme poursuivait ses progrès. On comptait au Japon, à la fin de 1605, un million sept cent cinquante-cinq mille quatre cents fidèles, administrés par cent vingt-et-un jésuites, trente à trente-cinq prêtres ou religieux de congrégations diverses et plusieurs centaines de catéchistes. Le nombre des baptêmes continua encore pendant douze ans, à dépasser annuellement, et de beaucoup, celui des martyres et des apostasies. On peut donc conjecturer que le chiffre de la population chrétienne a dù atteindre jusqu'à deux millions, c'est-à-dire le seizième à peu près de la population totale de l'Empire. Les Jésuites, connaissant le goût des Japonais pour les mathématiques, avaient eu l'heureuse idée d'élever à Osaca et à Méaco des observatoires, où on venait en foule entendre expliquer les astres, prédire des éclipses, rendre raison d'une quantité de phénomènes jugés jusqu'alors inexplicables; et l'on avouait généralement que des hommes si instruits des secrets de la nature méritaient bien quelque créance au sujet de ceux de la Divinité. La foi s'implantait à Yédo, nouvelle capitale de l'Empire; l'évêque Dom Louis de Cerqueyra visitait avec une suite de missionnaires toute l'île de Kiou-Siou; les royaumes d'Omura et d'Arima étaient entièrement convertis; le Bungo n'avait presque plus de païens. Jamais l'avenir n'avait paru plus assuré. Qui eût dit que tout cet édifice si vaste, si laborieusement élevé, déjà cimenté par le sang, était si près de crouler, et que moins d'un demi-siècle suffirait à sa ruine?...

VII

Manœuvres hostiles des Hollandais. — Persécution générale.

Les Hollandais parurent au Japon pour la première fois vers l'année 1609. En ce temps-là les mots de tolérance et de liberté religieuse n'étaient encore inscrits dans aucun des dictionnaires politiques de l'Europe, et l'on ne pouvait guère espérer que des peuples intolérants chez eux porteraient dans le nouveau monde une plus vraie intelligence de la charité chrétienne. Les Hollandais songeaient dès lors à supplanter les Portugais et les Espagnols dans toutes les Indes-Orientales. Ils ne manquèrent pas de les calomnier au Japon; ils trouvaient là une double satisfaction : celle de leur avidité mercantile et celle de leurs passions religieuses.

Un de leurs vaisseaux, commandé par un Anglais, s'étant brisé contre la côte japonaise, le capitaine et une partie de l'état-major prirent le parti d'aller demander à Cubo-Sama la permission d'en construire un autre. Pendant ce temps, les Espagnols, qui avaient perdu beaucoup de navires sur les mêmes récifs, s'avisèrent de relever, la sonde et les cartes marines à la main, toute la côte. Les officiers hollandais restés sur le rivage s'empressèrent d'informer de cet incident ceux qui étaient à la cour, et dans la bouche de ces derniers, l'action la plus inoffensive devint un crime si noir, qu'il ne fut jamais pardonné. Nous reconnaissons bien là l'ambition castillane, dirent les Hollandais, et nous serions fort surpris si tous ces sondages ne présageaient quelque prochaine tentative de conquête. Qu'est-ce, après tout, que tous ces jésuites que vous accueillez si bénévolement chez vous? L'écume de nos pays, des gens dont nous ne voulons plus nulle part et qui, lorsqu'on en surprend quelqu'un en Angleterre, sont pendus haut et court pour leur seule qualité de jésuites et sans autre forme de procès; des espions du Pape et de l'Espagne qui, sous prétexte de zèle religieux, détournent les peuples de l'obéissance due aux souverains légitimes!

L'empereur parut réfléchir profondément : Comme tout cela s'accorde bien avec les aveux échappés à un pilote espagnol, sous mon prédécesseur! Mais, ajouta-t-il, maintenant que nous avons l'habitude des denrées européennes, nous ne pourrions plus nous en passer.

— Si ce n'est que cela, répliquèrent les Hollandais, l'Espagne et le Portugal ne sont pas les seules puissances qui aient des vaisseaux. Nous nous ferions forts, si vous nous accordiez le privilége exclusif de votre commerce, de vous fournir à nous seuls tout ce que vous tirez des Portugais et des Espagnols, et en plus grande abondance, et de meilleure qualité, et à plus bas prix.

Ces manœuvres malveillantes, plusieurs fois renouvelées, finirent par produire leur effet. En 1613, la cour fut informée que le Taïcoun ne souffrirait plus à son service aucun officier chrétien. L'année suivante, un décret parut, en vertu duquel tous les missionnaires devaient être expulsés, toutes les églises rasées, tous les chrétiens apostasier ou mourir.

Grande fut la surprise de Cubo-Sama quand il vit tous ses officiers chrétiens lui apporter leur démission de leurs emplois. Il espéra en vain que cette première ardeur se ralentirait; personne ne se démentit; les dames elles-mêmes, afin d'encourager leurs pères et leurs maris, s'empressèrent d'étaler sur leurs personnes tous les signes extérieurs de la religion Le palais impérial parut vide, pour ainsi dire.

après le départ de tant de gens considérables.

Un commissaire fit publier à son de trompe, à Méaco, que ceux qui n'abjureraient pas le culte des Européens seraient brûlés vifs : C'est pour tout de bon, cette fois, ajouta son secrétaire par plaisanterie, et les rebelles n'ont qu'à préparer leurs poteaux. Le lendemain, toutes les rues de la ville se trouvèrent bordées de poteaux, chaque chrétien en ayant dressé devant sa porte autant qu'il en fallait pour toute sa famille. On sut même qu'un pauvre homme avait vendu son habit, et une femme sa ceinture, pour avoir un poteau. Le commissaire, reculant devant le nombre des bûchers à dresser, se contenta de faire saisir des religieuses et dix-sept femmes d'une rue appelée la *Rue des Chrétiens*. Il les fit enfermer dans des sacs, si serrées, qu'elles ne pouvaient se mouvoir, et la tête seule dehors. En cet état il les fit traîner ignominieusement par les rues et les abandonna toute la nuit au froid et à la neige qui tombait en abondance ; mais il ne put rien obtenir.

On déporta dans le nord du Japon plusieurs des familles les plus considérables de Méaco, d'Osaca et de Sacaï, un frère de saint Paul Miki, un roi d'Ava et soixante et onze autres

gentilshommes. Ce fut un grand spectale que le passage de tous ces grands seigneurs, vêtus d'or et de soie et enchaînés comme des galériens. « Je suis allé les visiter, écrivait un chré-
« tien à un jésuite qui vivait déguisé à Osaca ;
« je ne saurais vous dire combien leur vue
« m'inspira de dévotion et de confusion de
« moi-même. Ils font leurs prières tous en-
« semble, et ils ne manquent pas un seul jour
« de faire en commun une heure d'oraison :
« ils ont formé entre eux une espèce de répu-
« blique où chacun a son emploi et son office
« marqué. En arrivant ici, ils couchèrent la
« première nuit sur la terre nue dans un
« grand magasin où on les enferma sous clef.
« La nuit suivante, on leur donna a chacun
« une natte ; la nourriture répondait à la ma-
« nière dont ils étaient couchés ; mais ils se
« consolaient et s'entretenaient mutuellement
« des souffrances des anciens martyrs. »

Un convoi plus nombreux encore et plus illustre d'exilés faisait voile presqu'en même temps, partie pour Macao, partie pour les Philippines. C'étaient Juste Ucondono, le grand général, avec sa femme et ses enfants; Jean Naytondono, roi de Tamba, un des conquérants de la Corée, avec son fils, sa sœur et toutes leurs familles; quatre-vingt-seize Jésuites, des Franciscains, des Dominicains, des Augustins, bref tous les missionnaires qu'on avait pu saisir ; en tout, quinze cents personnes, la fleur de l'Eglise japonaise. Perte immense et irréparable. Ucondono mourut à Manille, pleuré et vénéré comme un saint.

Le gouverneur de Nangazaqui, Fascengava, devenu roi d'Arima, avait divisé son armée en trois corps de dix mille hommes chacun, dont il commandait le principal et par lesquels il fit fouiller en même temps tout son royaume. Dès qu'ils arrivaient dans un centre de population, un tribunal s'improvisait sur la place publique, au milieu d'une enceinte palissadée, et les chrétiens étaient introduits. On les saisissait par les oreilles avec des crochets en fer, on leur brisait les dents, on leur fracassait les jambes entre deux pièces de bois ; d'autres fois on les étendait sur le ventre, puis trois ou quatre hommes unissaient leurs forces pour leur poser sur les reins de grosses pierres qu'on y attachait solidement et par des cordes qui leur prenaient les pieds et les mains, on les élevait en l'air à l'aide d'une grosse poulie. Ainsi repliés ils avaient bientôt l'épine dorsale disloquée ou brisée. Vingt-neuf périrent de cette manière en un même jour, à Arima et dix-huit au port de Cochinotzu. Ce qui irritait particulièrement les juges, c'est que ceux des fidèles qui étaient hors de la barrière, attendant leur tour, restaient là tranquillement à encourager les patients, au lieu de chercher à s'évader.

En quelques endroits, après leur avoir coupé les jarrets et les doigts des pieds, on les contraignait à gravir des escaliers, et comme ils tombaient à chaque pas, on les faisait relever à coups de bâton. Un nommé Michel Ixinda paraissant sur le point d'expirer fut laissé sur la place et y demeura toute une nuit, exposé à un froid des plus piquants. Recueilli le lendemain, il vécut encore cinquante jours, et cela sans boire ni manger. Il raconta que deux jeunes enfants d'une rare beauté s'étaient approchés de lui, et lui avaient fait prendre d'une liqueur si exquise qu'il ne lui était plus possible d'avaler aucun autre aliment.

La guerre civile entre Cubo-Sama et le fils de Taïco, donna un court répit aux fidèles. Après une bataille où furent tués, dit-on, cent mille hommes, le fils de Taïco, assiégé dans le château d'Osaca, aima mieux périr dans les flammes que de se rendre à son tuteur. Celui-ci jouit peu de temps du fruit de sa victoire, il mourut au mois de mars 1616; mais on s'aperçut à peine qu'il n'était plus là, car il laissa

le trône sans contestation, à son fils Séogun-
Sama Ier et à ses descendants qui l'occupent
encore aujourd'hui. Il leur légua, en même
temps, les traditions despotiques de l'inexora-
ble Taïco, et le feu de la persécution se rallu-
ma par tout l'empire. Il ne devait plus s'éteindre que faute d'aliments.

Les ennemis du nom de Jésus-Christ se ré-
pandirent de tous côtés, semblables à des
nuées de sauterelles dévorantes, mais qui
choisirent leur proie. Ils s'abattirent de préfé-
rence sur les plus belles chrétientés, sur l'île
de Firando, sur celle de Kiou-Siou, les boule-
vards du christianisme, renversant les églises,
démolissant les maisons des missionnaires,
brisant les croix, profanant les autels, pillant
et incendiant les propriétés des fidèles. Tous
les fonctionnaires de l'Etat semblaient avoir
disparu pour faire place à la seule police. Les
rues se remplissaient de fidèles que l'on con-
duisait aux prisons par troupes, par familles,
quelquefois par villages. Le pays fumait de
sang innocent.

Nous avons les procès de ces martyrs envoyés à Rome par le P. Charles Spinola ; on y
voit que le nombre en fut prodigieux. Tout
raconter est impossible : il faudrait des volu-
mes.

5.

VIII

Le lundi de la fête de la Trinité, en l'année 1617, les pères Jean-Baptiste Machade,
jésuite, natif de l'île de Terceira, dans les
Açores, et Pierre de l'Ascension, franciscain
furent conduits ensemble au supplice à une
demi-lieue d'Omura. Tous deux tenaient à la
main leur crucifix et témoignaient à la foule
qui marchait avec eux leur joie de mourir
ainsi. Le P. de l'Ascension disait qu'il avait demandé cette grâce au ciel depuis des années ;
le P. Machade comptait trois jours heureux
dans sa vie : celui où il était entré dans la
Compagnie de Jésus, celui où on lui avait annoncé sa condamnation et celui où il allait
mourir ; mais leurs paroles étaient peu enten-
dues : les cris et les pleurs des chrétiens cou-
vraient leurs voix.

Arrivés au lieu fatal, le P. Pierre de l'As-

cension réclama le silence de la main et prêcha
sur la persévérance. Son discours fut émou-
vant mais un peu long, si bien que les officiers
chargés de présider à l'exécution donnèrent
des marques d'impatience. Le P. Machade, avec
une bonhommie charmante, lui fit signe de
s'arrêter, et le prédicateur, avec une simplicité
plus admirable encore, cessa de parler, embrassa son compagnon, et ils se mirent à genoux ensemble, l'un à côté de l'autre, et ten-
dirent la tête. Celle du P. Pierre fut tranchée
du premier coup. Le P. Machade reçut deux
coups qui l'abattirent mais sans détacher com-
plètement la tête des épaules. Il se releva
chancelant, s'agenouilla de nouveau et reçut
un troisième coup après lequel il tomba et ne
remua plus. Les chrétiens se jetèrent en foule
sur les corps et les emportèrent.

Lorsque le bruit de cette mort fut arrivée à
Nangazaqui, le P. Alphonse Navarette, dominicain, et le P. Ferdinand de Saint-Joseph, augustin, firent une de ces choses qui doivent
être proposées à l'admiration plutôt qu'à l'i-
mitation des fidèles. S'étant communiqué leur
dessein l'un à l'autre, ils quittent les habits séculiers sous lesquels la prudence les
avait portés à se déguiser depuis quelque
temps, reprennent chacun les insignes de son

ordre, sortent de Nangazaqui et se rendent directement dans le voisinage d'Omura. A peine arrivés ils choisissent une belle campagne, dressent à la hâte une sorte d'Eglise formée de branchages entrelacés et se méttent à chanter la messe, à prêcher, à administrer les sacrements avec éclat. Le roi d'Omura, lors même qu'il ne l'eût pas voulu, était obligé de les faire arrêter, il n'y manqua point. Les deux prêtres allèrent au devant des officiers envoyés pour les prendre, leur offrirent une collation et montèrent gaiment avec eux dans un vaisseau qui les devait conduire à une île voisine.

Là ils demeurèrent prisonniers pendant quatre jours seulement. Dans la nuit du cinquième on les embarqua avec un jeune séculier du nom de Léon, ancien servant du P. Pierre de l'Ascension et qui avait obtenu d'être arrêté avec ce dernier, mais non de mourir le même jour que lui, et on les conduisit sur un rocher désert où on leur annonça qu'ils avaient quelques minutes pour se préparer à la mort.

Ils s'agenouillèrent aussitôt; et comme Léon se retirait à l'écart, ils crurent que c'était frayeur et se mirent en devoir de l'encourager; mais le jeune homme souriant : « Ne croyez pas, mes révérends pères, que ce soit

la crainte qui m'engage à m'éloigner ; non :
c'est que je ne m'estime pas digne de mourir
en votre compagnie. Il est juste que vous
montiez au ciel les premiers ; ce me sera assez
d'honneur de vous suivre. » Ils eurent tous
trois la tête coupée et leurs corps, attachés à de
grosses pierres, furent jetés dans la mer, aussi
bien que ceux des pères Machâde et de l'Ascension, qu'on arracha à la vénération des fidèles.

Ce n'était pas la première fois que le P. Alphonse Navarette voyait le martyre de près.
Un jour qu'on brûlait sur une place publique
des chapelets, des croix et autres objets de
piété, il se jeta au milieu des flammes pour
arrêter cette profanation. Les soldats le chargèrent à coups de tisons allumés ; il fut
blessé à la tête et allait être assommé sans un
gentilhomme chrétien qui le retira des mains de
ces furieux et l'emmena par force en son logis.

Ce courageux missionnaire peut être considéré comme le fondateur de l'œuvre de la
Sainte Enfance, aujourd'hui si prospère en
Chine. Une de ses occupations favorites était
d'aller ramassant par les rues les petits enfants
que leurs parents y exposaient faute de les
pouvoir nourrir. Il les faisait élever par des
chrétiens charitables, et il en mit un très-grand
nombre dans le ciel en les baptisant, lorsqu'il

les trouvait prêts d'expirer. Les inventions de la charité ne sont point nouvelles, non plus que celles de l'impiété.

L'exemple des PP. Alphonse Navarette et Ferdinand de Saint-Joseph trouva des imitateurs. Deux autres religieux, dévorés de la même ardeur de dévouement, s'en allèrent exprès chercher la mort à Arima; c'étaient le P. Apollinaire, commissaire des religieux de Saint-François au Japon, et le P. Thomas du Saint-Esprit, de l'ordre de Saint-Dominique. On exécuta en même temps qu'eux seize ou dix-sept habitants de Nangazaqui, dont les noms ne nous ont pas été conservés et qui, afin de leur être réunis, se dénoncèrent eux-mêmes comme les ayant cachés et nourris chez eux. N'examinons point si un pareil zèle était bien conforme aux règles d'une sage prudence; on ne peut douter qu'il ne fût saint et qu'il ne procédât d'une foi vive, peut-être d'une inspiration particulière de l'Esprit Saint. L'Église l'approuve et le sanctionne, en béatifiant aujourd'hui Alphonse Navarette et ses compagnons : cela nous suffit.

L'Empereur, dont la résidence ordinaire était désormais à Yédo, se rendit à Méaco, en apparence pour y présenter ses hommages au Daïri, en réalité pour y recevoir les siens, comme de son premier sujet, et pour y tenir une sorte de cour plénière des petits rois ou Daïmos du Japon. Il y eut à cette occasion des fêtes et des spectacles ; l'empereur, imitant, sans le savoir, les despotes de Rome, n'en trouva pas de plus digne de lui qu'une grande exécution de chrétiens. Cinquante d'entre eux, de tout âge et de tout sexe, furent extraits des prisons, liés sur neuf charettes, promenés par la ville et conduits dans un faubourg où, en présence de toute la cour et d'une foule innombrable, on les lia deux à deux et dos à dos, à des croix dressées sur des amas de fagots.

Pendant la marche, un trompette les précédait, publiant à chaque bout de rue leur sentence :

« L'Empereur veut que ces gens soient brûlés vifs, parce qu'ils sont chrétiens. »

Et les martyrs, à chaque proclamation, répondaient : « Ainsi soit-il ! l'Empereur le veut, et nous aussi ! »

Le plus illustre de ces généreux confesseurs était Jean Taximoto Tafioye, seigneur de la cour impériale, qu'on voyait entouré de sa femme Thècle et de cinq de leurs enfants, âgés de trois à douze ans, sans compter un sixième que Thècle portait dans son sein. On voyait en outre une petite fille de huit ans, devenue aveugle en prison, un petit garçon de deux ans, et deux autres petites filles, de deux et trois ans, chacune avec sa mère.

Mais ce qu'il y eut de particulièrement touchant dans ce spectacle, sur les émotions duquel plus d'un spectateur commençait à être blasé, ce furent les pauvres mères qui, tout occupées de leurs enfants, oubliaient pour eux leurs propres souffrances, leur passant continuellement la main sur le visage afin de diminuer le sentiment du feu, les caressant, les serrant dans leurs bras, s'efforçant de les cacher dans leur sein et de les préserver aussi longtemps qu'elles le pouvaient. On trouva leurs membres calcinés repliés et comme incrustés sur ces petits êtres qui ne faisaient plus qu'un même cadavre avec les leurs.

La plupart de ces héroïnes s'étaient du reste préparées au martyre depuis longtemps. On raconte de l'une d'elles, jeune femme nommée Monique, dont le mari était en exil pour la foi, que toute jeune elle avait été surprise avec un fer rouge dans sa main. Sa sœur voulut savoir ce qu'elle faisait là. — Me promets-tu le secret? demanda Monique. — Oui, dit la sœur. — Eh bien, je m'exerce. J'ai déjà lutté contre la faim, qui ne me fait plus peur. Je lutte maintenant contre le feu. Nous entrons dans un temps où quiconque ne saura vaincre ni la faim ni le feu, ne sera pas sûr de garder le nom de chrétien (1).

Les soldats campèrent sept jours autour des restes du bûcher, pour interdire aux chrétiens l'approche des précieuses reliques, et cependant ils ne purent empêcher qu'elles ne fussent enlevées.

En 1621, Joachim Firoyama, riche japonais chrétien, revenait des Philippines avec sa famille, sur un vaisseau qu'il commandait lui-même et où il n'avait voulu admettre que des matelots de son culte et deux prêtres européens déguisés. Il fut rencontré, à la hauteur des îles Firando, par un pirate hollandais, d'autres disent anglais, qui, non content de le piller, le livra aux autorités de Nangazaqui. C'était le livrer au supplice. Le gouverneur s'empressa d'informer la cour de Yédo de cette capture et de demander des ordres, vu que le caractère sacerdotal des deux européens ne semblait pas suffisamment constaté, malgré les dénonciations du pirate. En attendant, il emprisonna Firoyama et tous les hôtes de son bord.

La réponse se fit attendre un an. L'empe-

(1) Le P. Crasset, *Hist. de l'Église du Japon*, liv. XX.

reur ordonna d'extraire des prisons d'Omura un religieux de chacun des trois principaux Ordres qui avaient des représentants dans l'Empire, et de les envoyer à Firando, en compagnie d'un prêtre apostat, du nom de Pierre-Antoine, pour y être confrontés avec les nouveaux débarqués. On choisit à cet effet les PP. Charles Spinola, François Moralès et Pierre d'Avila, trois noms glorieux que nous retrouverons bientôt une seconde fois.

Le prêtre apostat reconnut sans hésitation les deux suspects pour des religieux ; Spinola, Moralès et Pierre d'Avila refusèrent de parler, ne voulant manquer ni à la vérité ni à la discrétion commandée par les circonstances. Leur silence fut pris pour l'équivalent d'un aveu ; on déclara aux deux européens que, missionnaires ou non, ils ne seraient point relâchés. Alors ces derniers, pressés du reste par les exhortations de Spinola, cessèrent de dissimuler et déclinèrent leurs noms et leurs qualités : l'un était le P. Pierre de Zuniga, augustin espagnol, l'autre, le P. Louis Florez, dominicain flamand.

L'empereur lui-même, à cette nouvelle, les condamna au feu, ainsi que le maître du navire, Joachim Firoyama, et tout le reste de l'équipage à avoir la tête tranchée.

L'exécution eut lieu près de Nangazaqui, à côté de la *Sainte-Montagne*, le 10 août 1628. Joachim et les deux religieux furent attachés à trois poteaux. Tout autour d'eux on disposa un cercle de fagots et de broussailles, placé à vingt-cinq pieds de distance et couvert de boue, afin de prolonger l'agonie. La coutume japonaise est de lier les patients par le milieu du corps : mais comme il s'agissait de perdre moins les corps que les âmes, le démon inspira de lier désormais les chrétiens par les mains seulement et par des nœuds si lâches, que ceux qui viendraient à faiblir pussent aisément s'échapper. Une autre innovation fut mise en pratique pour Joachim et ses compagnons. On avait observé combien les prières qu'on donnait autrefois le temps de faire en commun inspiraient de force et de courage : on leur refusa donc cette consolation dernière. On traça pour les douze matelots ou passagers capturés avec Joachim un enclos de palissades, et à mesure que chacun entrait, le bourreau lui tranchait la tête.

Les têtes furent exposées sur des planches, en un lieu éminent, les corps entassés les uns sur les autres. Ils restèrent quatre jours gardés et sans sépulture ; mais on permit à la fin aux chrétiens de les enlever.

Aussitôt après le supplice des douze décapités, le feu fut mis au bûcher des trois survivants. Comme Florez et Zuniga n'avaient pas eu le temps d'apprendre la langue japonaise, Joachim prit la parole à leur place et adressa aux infidèles un discours qui dura une heure. Les soldats essayèrent vainement de lui imposer silence ; il ne se tut que lorsque la fumée lui coupa la parole avec la respiration. Les souffrances des religieux ne cessèrent qu'après deux heures ; il est superflu d'ajouter avec quel courage elles furent supportées.

Le corps du P. Pierre de Zuniga fut transporté à Manille, de là en Espagne. Ce saint homme, que la noblesse espagnole invoquera désormais comme un de ses protecteurs, était fils du marquis de Villamamique, autrefois gouverneur du Mexique. Les ennemis du nom chrétien avaient réussi à persuader à l'empereur qu'il était fils du roi d'Espagne lui-même et qu'il venait prendre le commandement d'une insurrection des Européens et de tous leurs adhérents.

Quelques jours avant le supplice de Zuniga et de ses compagnons, avait eu lieu celui de dix autres martyrs, tous japonais, sauf un européen du nom d'Alphonse de Castro. Mais, encore une fois, il faut nous borner.

IX.

**Le Grand Martyre ; les PP. Spinola, Moralès, d'Avila
et leurs compagnons.**

Depuis quatre années, vingt et un religieux
languissaient dans les prisons d'Omura et
d'autres dans celles de Nangazaqui. Ils y étaient
entrés en plus grand nombre, mais plusieurs
y étaient morts de besoin. Qu'on juge de leurs
souffrances par la description qui nous a été
conservée d'un de ces réduits. C'était un carré
formé par quatre murs épais, sans toit, sans
nul abri contre les injures de l'air, si étroit,
que la place y était insuffisante pour se coucher,
et d'où cependant on ne laissait sortir personne pour les nécessités les plus indispensa-
-bles de la nature. Le P. Spinola, élevé dans
le luxe d'une cour, fut trois ans sans changer
d'habits. La nourriture était digne du logis ;
elle se composait uniquement de riz, de racines, et quelquefois, mais rarement, de ha-
rengs secs. Et cependant ces lieux d'horreur
se convertissaient en maisons de prières, où
retentissaient sans cesse les louanges de Dieu.

et où la joie et le courage étaient si conta-
gieux qu'on était obligé de changer fréquemment les gardes si on ne voulait les voir devenir tous chrétiens. Le P. Léon Quimura, jésuite japonais, enfermé dans le même lieu que
les prisonniers idolâtres, en baptisa jusqu'à
quatre-vingt-six.

Le 10 septembre 1622, jour qui fut appelé le
Grand Martyre, la plupart de ces intrépides confesseurs furent trainés au bas de la *Sainte-Montagne*. Vingt-quatre poteaux y avaient été dispo-
sés en ligne droite, entre deux haies de soldats,
l'une rangée sur le flanc de la montagne, l'autre
bordant la mer. Au milieu, sur un trône élevé
et recouvert d'un riche tapis de Chine, siégeait
le lieutenant du gouverneur, nommé Suken-
dayu, qui présidait à l'exécution.

Les religieux étaient au nombre de vingt-
trois, bien qu'on n'en compte d'ordinaire que
vingt et un ; nous dirons pourquoi. Ils furent
tous liés aux poteaux, à l'exception de trois
destinés au glaive, ainsi que trente et un laïques.

Le P. Charles Spinola, procureur général
des Jésuites, appartenait à l'illustre famille gé-
noise de ce nom et était cousin du général
espagnol et de l'amiral Spinola, deux des premiers tacticiens de leur époque. Il était le fils

unique d'Octave Spinola, comte de Tassarole
et grand écuyer de l'empereur Rodolphe II.
Ce fut pour les hérétiques européens un spectacle bien surprenant, que de voir l'héritier
d'une des plus puissantes familles de l'Europe
chargé de fer, une peau livide collée sur les
os, couvert d'une soutane toute percée, atteint
d'infirmités précoces par suite de longues
années d'emprisonnement non-seulement au
Japon, mais encore en Angleterre, avant son
arrivée au Japon, et aussi rayonnant, aussi
majestueux sur son bûcher qu'il eût pu l'être
aux réceptions de cours de Vienne ou de Madrid.

Pendant qu'on allumait, le P. Spinola en-
tonna d'une voix ferme le psaume *Laudate,
Dominum, omnes gentes*, que la troupe des
confesseurs poursuivit avec une joie indicible.
Il se tourna ensuite vers les juges et leur dit :
« Seigneurs japonais, vous n'avez qu'à nous
regarder pour voir si la mort nous fait peur
et si c'est pour nous une bien sensible décep-
tion que de périr misérablement sans avoir
réussi à nous emparer le moins du monde de
vos richesses et de votre pays, puisqu'on sup-
pose que telle est l'intention secrète qui nous
fait venir des extrémités de la terre. L'Evangile inspire à ses disciples d'autres ambitions.

Croyez-en des gens qui vont mourir, ce sont vos âmes, vos âmes seules que nous cherchions. Nous ne désirions de vous aucun bien temporel ; nous vous apportions au contraire des trésors auprès desquels l'or et les dignités de ce monde ne sont que néant : nous vous apportions le salut éternel. Heureux ceux d'entre vous qui l'accueilleront, car il n'est jamais trop tard pour se convertir au Seigneur ! »

Apercevant près de lui, parmi les victimes qui devaient périr par le glaive, Isabelle Fernandez, portugaise, veuve d'un martyr et chez laquelle il avait été arrêté, il se rappela que la veille du jour de son arrestation il avait baptisé un enfant de cette dame et l'avait nommé Ignace, parce qu'il était né le jour de la fête du grand fondateur de la Compagnie de Jésus. L'enfant était derrière sa mère et le Père ne le voyait point : « Où est mon petit Ignace, demanda-il, qu'en a-t-on fait ? — Le voici, répondit la mère prenant l'enfant entre ses bras et l'élevant vers le saint homme, je n'ai eu garde de le priver du seul bonheur que je sois en état de lui procurer. » Puis elle dit à l'enfant : « Mon fils, voilà votre véritable père, celui qui vous a fait chrétien ; demandez-lui sa bénédiction. » L'enfant se mit à genoux et joignit les mains d'un air si doux et si touchant, qu'il s'éleva parmi les spectateurs un bruit de gémissements mêlés de réclamations qui firent craindre une révolte.

On commença donc l'exécution par le glaive, et tout aussitôt, deux ou trois têtes allèrent tomber aux pieds du petit Ignace ; il ne changea point de couleur. Il vit sauter de même celle de sa mère et ne témoigna d'autre émotion que de tendre avec empressement la sienne propre, qui, soudain, roula d'un côté et son petit corps de l'autre.

On rapporte de cet admirable enfant que ses parents, dès sa naissance, l'avaient offert au Seigneur pour le servir dans la Compagnie de Jésus. On ajoute qu'en apprenant la mort de son père, brûlé vif pour la foi, il se mit à crier en bégayant : Moi aussi je serai martyr ; oui, maman, moi avec toi, mais pas ma sœur. Prédiction qui se vérifia de point en point. Lorsqu'il faisait quelque présent à quelqu'un, il disait d'un air moitié riant, moitié sérieux : « Gardez bien ceci, car je mourrai martyr, et cela vous sera une relique. »

On étala ensuite les têtes devant les yeux des autres champions du Christ, que l'on brûla lentement, en éteignant même le feu lorsqu'il allait trop vite, afin de prolonger le supplice.

Tous se tenaient droits et fermes, les yeux au ciel ; leurs lèvres seules remuaient. Spinola était auprès d'une femme nommée Lucie Freïtez, la seule qui eût été condamnée au feu, sans doute en raison de quelques œuvres de zèle plus éclatantes. Ils furent les premiers atteints par les flammes ; le vent soufflait de leur côté, et bientôt Lucie se trouva entièrement nue ; le feu avait complétement dévoré ses vêtements. Son courage en parut un peu ébranlé ; elle ne comptait pour rien la douleur, bien qu'elle fût déjà à demi-rôtie, mais sa modestie la mettait au désespoir. Le P. Spinola lui en fit une petite réprimande et l'exhorta à souffrir cette confusion avec autant de simplicité que le reste, ajoutant que c'était un trait de ressemblance de plus entre elle et la grande victime du Calvaire, qui avait consenti de même à mourir dépouillée de ses vêtements.

Spinola s'affaissa le premier dans les flammes, sans doute à cause de sa faiblesse. Antoine Sanga, catéchiste, et le P. Sébastien Quimura vécurent près de trois heures au milieu de l'embrasement.

Il n'eût rien manqué à la gloire de ce grand jour, s'il n'était arrivé à cette vaillante cohorte ce qui arriva aux quarante martyrs de Sébaste. Deux Japonais qui avaient été revêtus dans la prison d'un habit religieux, rompirent leurs liens, qu'on avait laissés très-lâches à tous afin de leur faciliter la fuite en cas d'apostasie, et coururent aux pieds du chef des exécuteurs, en implorant grâce et miséricorde. Celui-ci les fit rejeter dans les flammes. Fut-ce par un caprice de barbarie ou bien parce que les deux fuyards réclamaient la vie sauve mais sans consentir pour cela à renier la foi ? Et doit-on les considérer comme martyrs malgré eux, ou bien comme des lâches à qui il en a coûté autant pour gagner l'enfer qu'aux autres pour gagner le ciel ? Le P. Charlevoix, qui a écrit d'après les actes des martyrs déposés à Rome, incline pour la première hypothèse, mais n'ose se prononcer.

La masse compacte des soldats autour de la Sainte-Montagne ne permit pas d'enlever les restes précieux. Il en coûta même la vie à Léon Fraçuzaiémon qui, déguisé en soldat, fut pris à couper la main d'un martyr dans l'obscurité de la nuit et brûlé vif avec sa femme. Le gouverneur fit allumer un grand feu où l'on jeta les corps, à l'exception de la tête de Marie, femme de Toeun, qui fut abandonnée aux chrétiens parce qu'elle était parente du gouverneur. On mit ensuite dans des sacs toutes les cendres, les restes des poteaux et jusqu'à la terre qui avait été imbibée du sang, et on les alla vider en pleine mer. On porta même les précautions si loin que les soldats employés à ce travail étaient nus, afin qu'ils ne pussent rien cacher. Mais pendant que les infidèles s'efforçaient ainsi d'abolir la mémoire des victimes, le ciel prit soin de la relever par plusieurs miracles juridiquement constatés. Nous regrettons de ne pouvoir les rapporter ici ; on les trouvera dans les actes de leur martyre, et aussi dans la vie du P. Charles Spinola, écrite par le célèbre P. d'Orléans.

Suquendayu, l'officier qui avait présidé à la sanglante tragédie, n'attendit pas longtemps le châtiment mérité. Un jour qu'il était à table, il tomba mort tout d'un coup, et lorsqu'on voulut le relever, son corps parut grillé comme si on l'eût retiré du feu.

L'importance du *grand martyre*, qui priva l'église japonaise d'un si grand nombre de ses pasteurs, et plus encore le culte public que l'Eglise décerne aujourd'hui aux victimes, nous engage à donner ici tous leurs noms (1).

______

(1) Ceux des deux apostats présumés ont été voués à l'oubli, celui de l'ordre religieux qu'ils déshonorèrent ne se retrouve pas non plus.

On comptait neuf Jésuites, quatre Franciscains, huit Dominicains et trente et un laïques.

Les jésuites, dont les deux premiers seulement avaient reçu les ordres sacrés, étaient :

Le P. Charles Spinola ;

Le P. Sébastien Quimura, de Firando, âgé de cinquante-sept ans, dont trente-huit passés dans la compagnie de Jésus ; il était le premier Japonais qui eût été honoré de la prêtrise ;

Antoine Quiumi ou Xiumi, du royaume de Micato : cinquante ans.

Pierre Sampo, du pays d'Oxu, à l'extrémité septentrionale de la grande île de Niphon : quarante ans.

Gonzalve Fusaï, du royaume de Bingen : même âge que le précédent.

Michel Xumpto, du royaume de Boari . trente-trois ans.

Thomas Acafoxi, ancien et brillant officier, qui avait quitté l'armée pour servir Dieu seul, s'était attaché au P. Quimura en qualité de catéchiste et avait couru se livrer volontairement aux archers qui, après avoir arrêté le Père, oubliaient de l'arrêter aussi.

Jean Ciungoxu, d'Amanguchi, compagnon assidu du P. Spinola dans son apostolat et dans toute la durée de sa prison : il devait être

6.

brûlé, mais il eut la tête tranchée, tous les poteaux s'étant trouvés pris lorsque vint son tour.

Et Louis Cavarra, ancien page à la cour d'Arima, ancien préfet de la province de Tacacu ; il avait été marié, mais sa femme et ses enfants étant venus à mourir, il avait consacré au Seigneur le reste de ses jours.

Antoine Quiumi, Pierre Sampo, Gonsalve Fusaï et Michel Xumpto étaient quatre amis qui avaient bâti une espèce d'ermitage sur une montagne voisine de Nangazaqui, où ils menaient ensemble la vie des monastères et d'où ils se répandaient dans le voisinage pour visiter les malades, catéchiser et assister les pauvres. Arrêtés pour ce fait, c'était dans les prisons d'Omura que le P. Spinola les avait admis comme novices dans la Compagnie de Jésus.

Les religieux Franciscains ne comptaient également que deux prêtres : le P. Pierre d'Avila et le F. Richard de Sainte-Anne ; les deux autres étaient de simples frères ou catéchistes, on les appelait le frère Léon et le frère Vincent.

Parmi les disciples de saint Dominique, on comptait six prêtres, la plupart espagnols ou italiens :

Le P. François Moralès,
Le P. Alphonse de la Mena,
Le P. Ange Ferrié (1),
Le P. Joseph,
Le P. Hyacinthe Orfanelli ,
Et le P. Thomas du Rosaire (2).

Deux autres faisaient partie seulement du tiers-ordre de Saint-Dominique : c'étaient le frère Alexis, japonais, et le frère Jean. Ces deux derniers furent décapités au lieu d'être brûlés comme le reste des religieux, sans doute par suite de quelque confusion commise par les exécuteurs.

Ils furent remplacés sur le bûcher par les quatre premiers d'entre les laïques dont les noms suivent :

Antoine Sanga, catéchiste, autrefois membre de la Compagnie de Jésus, dont la faiblesse de sa constitution l'avait obligé à sortir ;

Antoine, coréen, entouré de sa jeune famille ; c'étaient les prémices des vaillantes légions de Martyrs que la Corée devait donner un jour à l'Église ;

Paul, japonais ;

(1) Charlevoix le nomme Auge Orsucci.

(2) D'après Crasset, ce dernier n'était que simple frère.

Lucie Freitez, dame japonaise, dont nous avons déjà parlé ;

Isabelle Fernandez, veuve de Dominique Georges, portugais, brûlé pour la foi l'année précédente ;

Son fils Ignace, âgé de quatre ans ;

Marie, veuve d'André Tocnn, mort pour la foi ; elle était, comme nous l'avons dit, parente du gouverneur ;

Marie, veuve de Jean Xun, martyr ;

Agnès, veuve de Côme, martyr ;

Marie, femme d'Antoine le Coréen ;

Jean, son fils, âgé de douze ans ;

Pierre, son frère, âgé de trois ans ;

Apolline, veuve ;

Dominique, veuve ;

Madeleine, femme du catéchiste Antoine Sanga, nommé ci-dessus ;

Marie, femme du japonais Paul, également nommé ci-dessus ;

Catherine ;

Thècle ;

Pierre, son fils, âgé de sept ans ;

Dominique Nacavo, fils d'un martyr appelé Mathias ;

Pierre Notoiurna, fils d'un autre martyr du nom de Jean ;

Barthélemi Cavano ;

Dominique Yamanda ;

Damien ;

Michel, son fils, âgé de cinq ans ;

Clément ;

Antoine, son fils, âgé de trois ans ;

Thomas ;

Rufe ;

Enfin Claire, femme d'un martyr.

Avant de quitter cette généreuse troupe, on nous permettra de citer encore deux fragments de lettres admirables que nous ont conservées les biographes de Charles Spinola. La première est adressée à son cousin, Maximilien Spinola, et datée « des prisons d'Omura, le « 28 février 1621 :

« O si vous aviez goûté les délices dont Dieu « remplit les âmes qui le servent et qui souf- « frent pour lui ! Vous sauriez combien sont « pauvres les plaisirs que le monde promet. « Je dis *promet*, car il ne donne rien qui puisse « contenter notre âme, Dieu seul étant capa- « ble de la remplir. Pour moi, je commence « à être disciple de Jésus-Christ depuis que je « suis pour son amour dans une prison. J'y « souffre beaucoup, mais je vous assure que « dans le même temps où je me suis senti dé- « faillir par la faim, Dieu m'a fortifié par des « consolations si douces que je me tiens pour

« complétement récompensé par cela seul du
« peu que j'ai pu faire pour son service. Et
« quand je devrais passer encore des années
« dans la prison, le temps ne m'y durerait pas,
« vu le désir extrême que j'ai de souffrir pour
« qui paie si bien nos travaux… J'ai eu pen-
« dant cent jours une fièvre continuelle durant
« laquelle j'ai été privé de toute espèce de re-
« mèdes et de nourriture, de manière que tout
« le monde croyait qu'elle allait m'emporter,
« et je le croyais aussi. Durant tout ce temps-
« là, mon cœur était si plein de joie qu'il me
« paraissait trop étroit pour pouvoir la conte-
« nir. Je n'avais jamais rien senti de pareil et
« m'imaginais être aux portes du paradis. Oh!
« puissiez-vous servir aussi un maître si bon
« et si libéral ! »

L'autre lettre est un adieu adressé au Provincial des Jésuites :

« Ma grande consolation dans mes misères
« a été de dire tous les jours la messe autant
« que je l'ai pu. Au reste, je me jette aux pieds
« de Votre Révérence et lui demande très-hum-
« blement pardon de toutes mes fautes, prin-
« cipalement de celles que j'ai commises ces
« quatre années de prison où je n'ai pas pro-
« fité, comme je le devais, d'un temps si fa-
« vorable pour ma sanctification ; je lui de-

« mande aussi sa sainte et paternelle bénédic-
« tion. Je vous embrasse tendrement avec
« tous nos pères et frères, et je vous dis à
« tous le dernier adieu, vous conjurant de
« solliciter de Dieu pour moi la persévérance
« finale. Je me trouve si faible qu'à peine je
« puis me tenir sur mes pieds. Si j'arrive,
« comme je l'espère, à la céleste Jérusalem,
« je n'oublierai jamais Votre Révérence ni la
« province de notre ordre à laquelle je me
« sens très-obligé.

« Des prisons d'Omura, ce 28 d'août 1622.

« CHARLES, condamné à mort pour le
« nom de Jésus-Christ. »

Il avait 58 ans, dont 38 passés dans la compagnie de Jésus et 11 au Japon.

X

Le lendemain du grand martyre, Gaspard Cotenda, catéchiste du tiers-ordre de Saint-Dominique, fut brûlé avec ses deux petits enfants ; quelques jours après, ce fut le tour d'une famille de villageois composée de cinq personnes, le père, la mère, deux enfants et une servante, pour avoir logé des religieux dans leur ferme ; puis de neuf bateliers pour en avoir reçu dans leurs barques.

Le 12 du même mois, huit religieux subirent le même supplice à Omura.

Damien, patron d'une barque où un jésuite avait été pris, Jean Scamoto, son hôte et deux autres chrétiens, conduisirent eux-mêmes, en accompagnant de leurs chants la cadence des rames, le bateau qui les portait à une petite île où ils furent décapités.

Le 2 octobre, à Nangazaqui, supplice de neuf chrétiens, entre autres d'un enfant qu'on tourmentait depuis sept jours pour lui faire

décéler la retraite d'un missionnaire. On lui
fendit le corps entre les deux épaules, et
comme il ne cessait de répéter : Jésus ! Marie !
Oh ! que je désire aller vous voir en paradis !
on eut l'atroce barbarie de verser du plomb
fondu dans sa blessure béante. Les corps furent jetés à la mer.

A Yédo, le 3 décembre 1623, nouvelle exécution plus générale et plus glorieuse encore.
Là cueillirent la palme du martyre trois illustres confesseurs : le noble seigneur Jean Fara-
mond ou Fara-Mondo, allié à la famille impériale, le P. François Galvez, franciscain, et le
P. Jérôme de Angelis ou des Anges, jésuite
sicilien, le premier qui eût porté la foi jus-
que dans l'île septentrionale de Yesso. Ils moururent en compagnie de quarante-sept laïques
de toutes conditions.

Le 24 du même mois de décembre, sacrifice non moins précieux aux yeux de Dieu, de
vingt-quatre chrétiens, puis le 29, de dix-sept
autres, parmi lesquels plusieurs femmes ou
veuves de martyrs. Ce qu'il y eut de particulièrement barbare dans cette exécution fut,
qu'avant de la consommer, on éventra, écar-
tela ou tailla par morceaux, sous les yeux de
ces dames, dix-huit petits enfants, la plupart
les leurs. Ces innocentes créatures, incapables

7

de comprendre ce qu'on allait faire, tendaient les mains pour jouer avec les instruments du supplice.

Vingt-deux païens, accusés d'avoir donné asile à des fidèles, ne furent pas épargnés davantage.

Les années suivantes furent plus sanglantes encore. Les Pères Constanzo et Navarro, jésuites italiens, périrent chacun avec trois compagnons. On compta jusqu'à douze jésuites brûlés vifs dans l'espace de trois mois. Dans le royaume d'Oxu, au nord de Niphon, quatre chrétiens furent brûlés. Quatre autres, dont un vieux médecin nommé Jean Anzaï, furent plongés tout nus, à Xindaï, dans une rivière glacée, puis retirés, puis replongés jusqu'à ce qu'ils rendissent le dernier soupir.

Il faudrait raconter encore la fin héroïque du P. Jacques Carvaiho, jésuite, gelé dans la même rivière, avec soixante compagnons; celle du père Sotélo, dominicain, brûlé avec quatre autres religieux; celle de sept chrétiens d'Usucca* dont un, enfant de deux jours, fut baptisé dans son sang; de Jean Cufroy, fendu en deux à Zio; de Michel Fiémon, avec ses enfants et sa femme Ursule qui demanda à être exécutée la dernière en disant : je suis bien aise, avant de fermer les yeux, de voir tout

mon monde en sûreté. Les mêmes coups de
sabre qui tranchèrent les têtes de Michel et
d'Ursule, firent rouler en même temps celles
de leurs deux plus jeunes filles, dont l'une était
au bras du père et l'autre dans ceux de la
mère. Il faudrait retracer les luttes victorieuses
de toute une famille, composée de neuf personnes, puis d'une seconde de six et de deux
autres de cinq chacune, à Firando ; de Thomas
Mattaïqui et de quatre de ses amis dans les
petites îles qui avoisinent Firando ; de deux
autres près d'Omura, de trois dans l'archipel
de Gotto ; de quatre dans le Bungo ; de trente-
deux brûlés vifs et de cinquante décapités en
deux jours à Cubota. Quelques-uns de ces héros nous sont assez connus pour qu'il fût possible de faire de longs récits de leurs édifiantes
vies ; la plupart ne sont pas même nommés.
Ignorés sur la terre, leurs noms sont écrits
dans le ciel.

Le Japon nageait ainsi dans le sang de ses
peuples, sans qu'une seule goutte de ce sang
fût répandue sur un champ de bataille, lorsque
parurent coup sur coup trois édits impériaux.
Le premier interdisait aux chrétiens nationaux
tout commerce avec les pays étrangers. Le
second fermait aux marchands de l'Inde et de
l'Europe tous les ports de l'empire, excepté

celui de Nangazaqui, et les assujettissait à la visite d'un commissaire qui devait prendre, dès l'arrivée des navires, les noms et signalements de tous leurs matelots ou passagers. Le troisième enfin condamnait au bannissement tous les Portugais ou Espagnols, malgré que plusieurs fussent depuis longtemps établis, mariés et comme naturalisés au Japon. Les Chinois même et les Coréens, vu qu'il y avait parmi eux des catholiques, durent partir également. Seuls parmi les étrangers, les Hollandais et les Anglais ne furent point inquiétés, parce que bien loin d'aider à l'introduction des ministres de l'Evangile, ils étaient les plus ardents à les dénoncer. Le Paganisme consentait donc à vivre en paix avec le Protestantisme, tandis que tous les deux réunissaient leurs efforts contre le Catholicisme. Situation anormale aux yeux d'un observateur superficiel, mais situation éminemment régulière et qui se reproduit constamment dans toutes les phases de l'histoire de l'esprit humain. L'erreur s'allie volontiers avec l'erreur; il n'y a que la vérité contre laquelle aucune erreur ne désarme, fût-elle elle-même la vérité presque complète et séparée d'elle par un seul point à peine sensible.

Cependant la terreur était loin d'avoir glacé

les courages et la constance des patients défiait celle des bourreaux. Le ciel, il est vrai, soutenait ses champions par de nombreuses marques de sa puissance et de sa bonté. Il ne pouvait guère leur refuser, dans une extrémité semblable, les encouragements surnaturels qu'il prodigua jadis aux martyrs de l'Empire romain. Les annalistes rapportent des miracles surprenants; mais le plus grand miracle et dont nul ne peut contester la vérité, ce fut la multitude même des martyrs et leur indomptable générosité, surtout celle des enfants.

Le gouverneur d'une ville voisine d'Omura avait un jour fait comparaître devant lui beaucoup de chrétiens et les menaçait des supplices les plus effroyables. Le plus jeune de la troupe prit la parole et fit observer qu'ils avaient tous un souverain mépris pour toutes ces menaces. Le gouverneur piqué au vif, se fait apporter du feu et s'adressant à celui qui paraissait si résolu : J'excuse ta jeunesse, lui dit-il : tu ignores la portée de tes paroles. Vois ce brasier. Peux-tu y appuyer seulement le bout du doigt? Comment donc te décideras-tu à te laisser brûler à petit feu? — Le jeune homme, sans mot dire, s'avance, enfonce le doigt dans la braise et le laisse brûler d'un air aussi tranquille que si son doigt eût été dans l'eau tiède. Le gouverneur ne put prononcer une seule parole. Il embrassa le jeune homme et les renvoya tous, sans s'inquiéter des suites. Une autre fois, on mit dans les mains d'un enfant de treize ans, Pierre Guichisuque, dont les parents venaient d'être brûlés lentement avec des torches, un vase de métal rougi au feu et on l'avertit que s'il le laissait tomber, cela serait regardé comme un acte d'obéissance aux édits de l'Empereur. Le vase consuma les mains de l'enfant sans qu'il branlât.

Le 26 juin 1626, vit périr par le feu, sur la Sainte-Montagne, le P. François Pachéco, portugais, provincial des jésuites et administrateur du diocèse vacant; le P. Jean-Baptiste Zola, recteur du collége d'Arima; le P. Balthazar de Torrez, de Grenade; six frères ou novices, plus quatre Espagnols de Manille. Ils furent suivis de près par deux vieillards, Thomas Suguezaïmon et Ignace Mozaïemon, et par huit personnes dont les combats pour la foi duraient depuis longtemps déjà. Je n'en nommerai qu'une : la vertueuse Suzanne, jeune femme qu'on avait entièrement dépouillée et pendue à un arbre par les cheveux, avec sa petite fille, également nue et attachée au pied de la mère. Elle ne fut point la seule qu'on attaqua du côté de la pudeur. La délicatesse des Japonais est extrême sur ce point; ausi vit-on malheureusement céder à ces inventions vraiment infernales plusieurs de ceux que les tortures n'avaient pu ébranler.

Le 26 juillet 1627, le P. Louis-Bertrand Xarch, dominicain, parent de saint Louis-Bertrand par sa mère, fut brûlé vif à Omura avec deux frères convers. Bungondono, nouveau roi d'Arima et son digne lieutenant Tanga-Mondo, devenus féroces par l'habitude, perfectionnèrent la science des supplices et mirent à les varier une imagination d'une fécondité inouïe. Les Hollandais, témoins oculaires et non suspects, en racontent des horreurs :

« Aux uns, dit la relation de Reyer Gitzbertz, on arrachait les ongles, on perçait les bras et les jambes avec des vilbrequins; aux autres, on enfonçait des alènes sous les ongles. On en jetait dans des fosses pleines de vipères. On remplissait de soufre et d'autres matières infectes de gros tuyaux et on y mettait le feu, puis on les appliquait au nez des patients. Quelques-uns étaient piqués par tout le corps avec des roseaux pointus; d'autres étaient brûlés avec des torches ardentes. Ceux-ci étaient fouettés en l'air jusqu'à ce que les

os fussent tous décharnés ; ceux-là étaient attachés, les bras en croix, à des grosses poutres,
qu'on les contraignait de traîner jusqu'à ce
qu'ils tombassent. Pour faire souffrir double-
ment les mères, les bourreaux leur frappaient
la tête avec celle de leurs enfants, et leur fureur redoublait à mesure que ces petites créatures criaient plus haut..... Plusieurs, après
avoir été mis à force de torture dans l'état
du monde le plus déplorable, étaient livrés à
des femmes de mauvaise vie, afin que, par
leurs caresses, elles profitassent de l'affaiblis-
sement de leur esprit pour les pervertir.....

« On promena un jour à Ximabara cinquante chrétiens dans un état à les couvrir
de la plus extrême confusion, puis on les
traîna à une espèce d'esplanade pour les y
tourmenter. Il y en eut surtout sept, dont une
femme, sur lesquels celui qui présidait à cette
barbare exécution s'acharna avec une rage de
forcené. Il fit creuser sept fosses à deux bras-
ses l'une de l'autre ; il y fit planter des croix
sur lesquelles on étendit les patients, et après
qu'on leur eût pris la tête entre deux ais
échancrés, on commença à leur scier avec des
cannes dentelées, aux uns le cou, aux autres
le bras. On jetait de temps en temps du sel
dans leurs plaies, et ce cruel supplice dura cinq

jours de suite sans relâche. Les bourreaux se relevaient tour à tour. Des médecins qu'on appelait de temps en temps, administraient des cordiaux aux suppliciés, pour prévenir une mort prématurée et pour que la défaillance ne leur ôtât point le sentiment de la douleur. C'est ainsi que, par un raffinement d'inhumanité jusque-là inconnu même aux peuples sauvages, on employait à prolonger les souffrances des fidèles un art uniquement destiné au soulagement et à la conservation des hommes. »

Ainsi parle un auteur protestant. Quant aux annalistes catholiques, ce n'est plus par familles ou par dizaines qu'ils comptent les martyrs ; c'est par centaines, et le plus souvent ils renoncent à les compter. On dirait que l'histoire se lasse de suivre une route encombrée de cadavres et de n'avancer que les pieds dans le sang. Elle finirait par détourner les yeux, si la foi ne lui faisait entrevoir à travers ces horreurs, de fraîches auréoles, des couronnes, des palmes immortelles et des triomphes divins, récompense des victimes. Mais alors, ainsi considéré, le spectacle change, et toutes ces vapeurs de sang deviennent aussi douces au regard que les vapeurs rouges dont s'empourpre le ciel du matin et derrière lesquelles le soleil va se lever.

7.

XI

Mais le tourment dont on se servit le plus
efficacement pour ébranler les fidèles fut l'eau
soufrée du Mont-Ungen. C'est une montagne
pelée, blanchâtre, ou plutôt un volcan situé
entre Nangazaqui et Ximabara. Trois pitons
en partagent la cime et entre ces pitons s'ou-
vrent trois crevasses profondes comme des
abîmes, d'où sortent par bouillons des eaux
boueuses et brûlantes, des flammes et des
exhalaisons infectes. Nul homme ne peut les
regarder sans frémir, nul animal en appro-
cher impunément, nul oiseau voler au-dessus
sans tomber et mourir. Cette infection a fait
donner le nom de *Bouches d'enfer* aux ouver-
tures qui vomissent ces feux redoutables.

Ce fut Bungondono, roi d'Arima, qui, le premier s'avisa d'utiliser ces gouffres au préjudice
des chrétiens. Mais parce que la boue et la
fumée devaient étouffer instantanément ceux
qu'on y aurait jetés, il commanda qu'on les

y plongeât d'abord par parties, puis qu'on les retirât pour voir s'ils ne se rendraient point, et qu'on recommençât jusqu'à ce qu'ils fussent vaincus ou qu'on eût perdu l'espoir de les vaincre. Le plus souvent on se contentait de les étendre tout nus aux bords de l'abîme et de les arroser de la matière qu'on en tirait, et dont chaque goutte formait un ulcère. Ce supplice pouvait durer jusqu'à quinze jours. Lorsque le corps du patient n'était plus qu'une plaie, on le jetait au bas de la montagne, où il expirait dans l'abandon.

Les premiers qui souffrirent aux *Bouches d'enfer* furent des habitants de Ximabara. Parmi eux se distinguaient Paul Ucibory et sa famille. Un jour, le chef des exécuteurs demanda à Ucibory quels doigts il voulait qu'on coupât à ses enfants. Vous êtes le maître, répondit-il, je ne souhaite à mes enfants que du courage. On les prit donc les uns après les autres et on leur coupa à chacun trois doigts ; ces pauvres enfants donnaient leurs mains et regardaient couler leur sang avec une sorte d'insensibilité que Dieu seul peut donner. Cependant Ucibory les embrassait avec tendresse, baisait leurs plaies et les offrait à Dieu comme d'innocentes victimes dont il le priait d'agréer le sacrifice. Toute la troupe fut ensuite menée aux bords de la mer et partagée en deux bandes, l'une de vingt, où était Ucibory, l'autre de seize où étaient ses trois enfants. Les premiers furent mis dans une grande barque et les autres dans deux petites. On s'éloigna du rivage et on commença à plonger les seize dans la mer. Quand ils y avaient été quelque temps, on les retirait pour voir s'ils donneraient quelques signes d'apostasie; ensuite on les replongeait pour les retirer encore et on les laissait aller au fond de l'eau, avec une pierre au cou. Les trois enfants d'Ucibory moururent ainsi, à la vue de leur père qui déclarait s'estimer le plus heureux père qui fût au monde. Lui-même, ramené avec les dix-neuf survivants, fut noyé, après bien des tortures nouvelles, dans le gouffre du Mont-Ungen.

Il est bien étonnant qu'après tant de religieux expulsés ou morts il s'en trouvât encore à faire mourir; mais si le bruit des armes éloigne les lâches, il attire les vrais soldats, et les îles japonaises étaient devenues une sorte de terre promise après laquelle soupiraient bien des prêtres, en Europe et aux Indes. La plupart de ceux qui en étaient sortis avec l'habit de leur ordre y rentraient déguisés en matelots, en pêcheurs, en marchands. L'amour est plus industrieux que la haine et plus fort que la mort.

Parmi les victimes des années 1628, 1629 et 1630, les relations mentionnent en particulier une douzaine de religieux brûlés en différents endroits ; soixante habitants de Yédo, arrêtés à cause d'un crucifix trouvé chez l'un d'eux et morts de faim en prison ; dix autres personnes de Yédo, parmi lesquelles un courtisan à qui l'on fut trois jours à scier le cou ; soixante-quinze d'Omura ; quatorze du nord de Niphon.

Des enceintes palissadées furent construites où l'on parquait des quantités de chrétiens, comme des bêtes, entièrement nus et livrés aux ardeurs du soleil et aux horreurs de la faim. On parle d'une troupe de trente enfants qui résistèrent douze jours à ces tortures ; mais bien des adultes eurent moins de générosité, et le nombre des apostats attrista les derniers instants des fidèles.

L'auteur principal de ces chutes déplorables, le barbare Bungondono, commença dès ce monde, comme Antiochus, l'expiation de ses crimes. Dévoré d'une fièvre ardente, il ne cessait de crier et de hurler que pour supplier ses amis d'éloigner de lui un chrétien qui, disait-il armé d'une faulx, le poursuivait sans cesse. Il fit publier à Ximabara que tous ceux qui auraient un remède contre la fièvre eussent à le lui envoyer ; il en reçut plus de vingt différents et, dans l'embarras du choix, il les mêla tous, en vertu de ce beau raisonnement que si chacun en particulier avait le pouvoir de le guérir, leurs propriétés bienfaisantes mises en commun seraient d'un effet bien plus sûr et plus prompt ; mais à peine eut-il pris ce monstrueux mélange que toutes ses dents tombèrent ; son sang parut bouillonner et la moëlle se fondre dans ses os. Il mourut en désespéré au pied même du Mont-Ugen, dans le bain d'une source minérale qui jouissait d'une grande réputation curative, mais dont la chaleur fit tomber tout son corps comme une chair bouillie.

Le taïcoun qui occupa le trône impérial de 1631 à 1650 était malade, contrefait et lépreux. Ce prince avait montré dès son enfance une férocité qui ne connut plus de bornes lorsqu'il fut le maître. Il se fit appeler To-Séogun-Sama, c'est-à-dire *Très-Souverain-Seigneur*, et la même vanité qui lui fit allonger le nom de ses pères, l'empêcha longtemps aussi de se marier. Il ne croyait pas, disait-il, qu'il y eût au monde une fille d'assez bonne maison pour partager son trône. Nous nous garderons de souiller, par l'histoire de cette vie

immonde, des pages sanctifiées par le récit
des vertus des saints ; nous ajouterons seulement avec Charlevoix que l'Église du Japon,
si elle devait finir, ne le pouvait faire plus glo-
rieusement que par la main d'un tel monstre.
On conjecture qu'il mourut, sous son règne,
plus de chrétiens qu'il n'en était mort depuis
Taïco-Sama ; seulement, les missionnaires
n'étaient plus là pour enregistrer les gloires
des combattants, et la plupart des relations
écrites, ayant disparu avec leurs auteurs,
n'ont pu parvenir en Europe.

L'eau, le fer et le feu ne parurent pas offrir
à To-Séogun-Sama des peines assez variées
pour châtier les chrétiens ; on inventa les tortures de la *fosse*. Le premier qu'on y exposa
fut Nicolas Keyan, japonais, jésuite depuis
trente-cinq ans, mais que le défaut d'évêque
avait empêché de recevoir les saints ordres.
Voici en quoi consistait le nouveau supplice.
On dressait des deux côtés d'une grande fosse
deux poteaux qui soutenaient une pièce de tra-
verse à laquelle on attachait le patient par les
pieds avec une corde passée dans une poulie. Il
avait les mains liées derrière le dos, et le
corps serré avec des bandes de peur qu'il ne
fût disloqué du premier coup. On le descen-
dait ensuite la tête en bas dans la fosse, où

on l'enfermait jusqu'à la ceinture par le moyen de deux ais échancrés qui lui ôtaient entièrement le jour. Dans la suite, on laissait aux chrétiens une main libre, afin qu'ils pussent faire signe qu'ils renonçaient à leur foi. Souvent la fosse était pleine d'immondices, et son infection insupportable. Mais il n'était besoin de ne rien ajouter à ce tourment pour le rendre le plus cruel de tous. On y éprouvait un étouffement continuel ; le sang sortait par le nez, par la bouche, par les oreilles en si grande abondance, qu'il fallait avoir recours à la saignée pour l'arrêter. On se sentait tirer les nerfs et comme arracher les muscles. Malgré cela, on y pouvait vivre neuf ou dix jours. Le P. Keyan mourut au quatrième.

Pendant le seul mois d'août de l'année 1633, quarante-deux personnes furent brûlées vives en plusieurs endroits, onze décapitées et seize suspendues dans la fosse par ordre du gouverneur de Nangazaqui. Parmi ces derniers étaient cinq jésuites, quatre dominicains et deux augustins. Ces six derniers venaient des Philippines et avaient à peine eu le temps de débarquer. Vers la même époque expirait de misère et de chagrin le P. Mathieu de Couros, provincial des jésuites, à l'âge de soixante-quinze ans :

« Mon hôte, dit-il dans une de ses lettres,
« avait préparé sous terre une caverne, qui
« n'avait que douze empans de long, sur quatre
« de large, et où il ne pouvait y avoir aucun
« jour ; il m'y fit entrer, moi troisième, nul
« autre que lui ne sachant ce que nous étions
« devenus. Il fallait demeurer là nuit et jour,
« continuellement dans les ténèbres, si ce
« n'est que pour réciter mon office, écrire
« quelques lettres et prendre notre réfection,
« nous allumions une chandelle. Tous les trois
« jours on venait nettoyer notre caverne et
« nous apporter à manger. Après un mois de
« séjour dans ce cachot, je le quittai vers les
« fêtes de Pâques et je passai dans un autre
« tout semblable, où je suis encore, mais j'en
« sors tous les soirs pour visiter les chrétiens
« à la faveur des ténèbres, et je n'y rentre
« qu'après avoir célébré la sainte messe. »

Cette description reporte involontairement la pensée sur d'autres lettres que chaque courrier nous apporte, au moment même où nous écrivons, de la Cochinchine et du Tonkin. Elle rappelle l'évêque d'Acanthe, mort comme le P. de Couros ; des exécutions en masse comme au Japon et avec les mêmes cruautés raffinées d'une part, la même constance de l'autre ; bref, une persécution égale à celle dont nous retraçons l'histoire. Fasse le ciel que la durée en soit moindre, les désastres moins irréparables et que le temps manque à Tu-Duc, le nouveau To-Séogun-Sama, pour achever d'éteindre ce flambeau de la foi, rallumé avec tant de peines dans l'extrême Orient, et dont les étincelles doivent rejaillir un jour sur le Japon ! (1)

Le 1er octobre suivant, on suspendit dans la fosse, à Yédo, les Pères Benoît Fernandez et Paul Saïto, de la Compagnie de Jésus ; ces deux missionnaires ne s'étaient presque point quittés depuis vingt-six ans. Ils furent pris ensemble et commencèrent ensemble leur supplice. Mais au bout de vingt-quatre heures, le P. Fernandez s'étant évanoui, on le ramena en prison. Le P. Saïto demeura encore sept jours dans sa fosse, et lorsque les gardes ouvrirent, le croyant mort, il leur dit qu'il ne

(1) Ces lignes ont été tracées en 1863. Depuis lors, l'intervention protectrice de la France en faveur de ses enfants a imposé à l'empereur d'Annam, comme à celui de la Chine, une tolérance relative. Avec la puissance de moyens dont dispose aujourd'hui l'Europe chrétienne, le paganisme peut renouveler les barbaries du Japon, mais il ne saurait les prolonger aussi longtemps. C'est du milieu d'un pays chrétien, des bords de la Vistule et des steppes de la Sibérie que nous arrivent désormais les soupirs étouffés des martyrs. L'Église, sur la terre, a bien raison de se nommer elle-même *militante* : ses ennemis ne désarment jamais.

mourrait pas avant le P. Fernandez. Le même jour, celui-ci demanda des nouvelles de son ami ; on lui dit qu'il n'avait plus bien long-temps à vivre. — Dieu soit loué ! reprit-il, je n'attendais que cela. — Et, levant les mains au ciel, il expira. On courut au P. Saïto que l'on trouva mort aussi. Plusieurs témoins, tant chrétiens qu'idolâtres, attestèrent que lorsqu'on porta leurs corps au bûcher pour les brûler et les jeter à la mer, on les vit et entendit se saluer, chacun en sa langue maternelle. Fernandez était portugais, Saïto japonais.

Le P. Jean d'Acosta, portugais, et les Pères japonais Jean Yama, Xiste Tocuun et Damien Fucaye ; ensuite les Pères Antoine de Souza, portugais, et Mathieu Adami, sicilien, Julien de Macaura, un des quatre membres de la célèbre ambassade japonaise à Rome, et quatre Frères japonais, tous jésuites, cueillirent, au même lieu et par le même genre de mort, la palme du martyre. Vers le même temps, trois autres étaient brûlés vifs à Coeura, dans le Bungen, et un quatrième dans l'île de Zéqui.

Mais une perte plus sensible encore fut celle du P. Sébastien Vieyra, provincial des jésuites et administrateur de l'évêché. Ce saint prêtre, un des personnages les plus remarquables de son siècle, revenait de Rome, où il était allé

exposer au Souverain-Pontife la situation dé-
sespérée de sa mission. L'empereur le manda
à Yédo ; mais les ennemis de l'Eglise trouvèrent moyen de l'empêcher de le voir, par ce
que, dès qu'un criminel a eu l'honneur d'un
entretien de Sa Majesté, il n'est plus permis de
le mettre à mort. Ils ne purent cependant pas
arrêter au passage un écrit du Père Vieyra,
écrit dont To-Séogun-Sama fut vivement
frappé. Cet européen, s'écria-t-il, est un homme
de bien, qui ne cache point ce qu'il pense, et
ce qu'il dit de l'immortalité de nos âmes est
vrai ; malheureux que nous sommes, que de-
viendrons-nous ! En disant ces mots, il fut saisi
d'une frayeur violente dont on appréhenda les
suites et parut tout changé à l'égard des chrétiens. Mais un de ses oncles, qui le gouvernait absolument, craignant qu'il ne finît par
exiger que Vieyra lui fût amené, employa
tout son ascendant pour lui faire signer une
prompte condamnation. Le missionnaire fut
exposé dans la fosse avec cinq de ses religieux
et un Père de l'ordre de Saint-François. Il
avait annoncé aux exécuteurs qu'il ne mourrait que par le feu. En effet, comme le troisième jour on le trouva aussi frais que le premier, on alluma dans la fosse un grand feu
qui le réduisit en cendres, le 6 juin 1634.

Le P. Marcel-François Mastrilli fit une prédiction analogue dans les mêmes circonstances. Il vécut dix-sept jours dans la fosse sur
la Sainte-Montagne, et il y eût vécu davantage si le dix-huitième n'eût été un jour de
fête où la loi japonaise ne permet pas de faire
souffrir les criminels. Il se mit à genoux et un
bourreau lui déchargea sur la tête un grand
coup de sabre qui ne fit aucun mal. Le second
coup ne laissa de même qu'une petite trace
rouge à l'endroit où le sabre avait porté.
L'exécuteur effrayé, faillit tomber à la renverse,
jeta son sabre et se sauva ; mais le serviteur
de Dieu, sa prière finie, le rappela, lui affirma
que pour cette fois sa besogne serait facile et
eut effectivement la tête séparée du tronc
d'un seul coup, en répétant les noms de Jésus
et de Marie. Le P. Mastrilli était jésuite et d'une
famille princière de Naples.

Enfin, sept Pères Franciscains et deux religieuses, ayant essayé de pénétrer au Japon,
furent pris en abordant et exterminés de diverses manières. Un des Pères était français ; son
nom est Guillaume Courtet, et, dans la multitude des martyrs du Japon, c'est le seul que
je trouve de nos compatriotes ; mais il faut
avouer que depuis la France a largement
payé de son sang, dans d'autres missions, le

tribut que toute nation catholique doit à la vérité.

Il semble qu'il n'y avait plus de chrétiens au Japon ; il faut néanmoins qu'il y en eût encore beaucoup, puisque dans le royaume d'Arima ils formaient encore la majorité en 1638. Il s'en trouva entre autres trente-sept mille qui, n'ayant point de pasteurs pour les maintenir dans le devoir et leur prêcher la résignation, prirent conseil de leur seul désespoir. Ils mirent à leur tête un jeune prince de la maison de leurs anciens rois et se saisirent de la forte place de Ximabara.

Le roi d'Arima n'eût pas de peine à voir que c'était là un commencement de guerre civile qu'il fallait étouffer à tout prix. Le Séogun lui envoya tout ce qu'il y avait de forces disponibles dans l'empire, et Ximabara fut bientôt cernée par quatre-vingt mille hommes. Cette armée formidable, malgré l'appui d'une batterie hollandaise (1), n'eut cependant pas triomphé de la résistance, sans le secours d'un en-

(1) Il convient d'ajouter, pour être juste, que de cinq ou six vaisseaux hollandais qui étaient à Firando lorsqu'on y apprit la révolte des chrétiens de Ximabara, un seul attendit que l'empereur le fit inviter à venir à son aide ; les autres firent voile immédiatement pour les Indes. Néanmoins la complaisance de ce seul navire suffit pour avilir la na-

nemi intérieur contre lequel ni la patience ni
la valeur des assiégés ne pouvaient rien : la
famine.

Réduits à manger le cuir de leurs armes,
les assiégés ne voulurent pas entendre parler
de capitulation, d'autant qu'au Japon comme
à la Chine, on ne sait guère ce que c'est que
la miséricorde envers les vaincus, et toutes
les luttes se terminent par la victoire ou la
mort. Après plusieurs sorties où l'armée impériale perdit de vingt-cinq à trente mille hommes, ils en firent une dernière, à laquelle
prit part tout ce qui pouvait tenir une épée ;
ils tuèrent encore vingt mille ennemis, mais,
écrasés par le nombre et la fatigue, ils périrent tous jusqu'au dernier.

Les Hollandais, toujours attentifs à asseoir
leur prospérité sur la ruine des Portugais et
du catholicisme, ne manquèrent pas de se
prévaloir de ces malheureux événements et
de les imputer aux missionnaires.

Presque aussitôt après la bataille de Ximabara, parut un décret impérial qui obligeait
tous les particuliers à porter sur leur poitrine

tion entière aux yeux d'un peuple fier comme les japonais.
Le célèbre voyageur Kœmpfer dit avoir rencontré, cinquante
ans plus tard, des vieillards qui s'en expliquèrent devant lui
sans aucun ménagement.

une idole ou signe extérieur quelconque de paganisme, et tous les étrangers à passer, dès en abordant au Japon, par un endroit où on les obligeait à fouler aux pieds la croix du Sauveur ou quelque image de sa Mère et des Saints, qu'on avait gardées exprès. Défense était faite aux Européens, à l'exception des Hollandais, de mettre le pied sur les terres de l'empire, sous peine de mort, et quel que fût le prétexte. Encore les Hollandais étaient-ils admis seulement dans l'ilot de Desima, au milieu du port de Nangazaqui, où ils étaient gardés à vue, sans qu'il leur fût permis de converser avec les gardes, où ils devaient s'abstenir de tout exercice de leur religion, où ils livraient en abordant, leurs armes et jusqu'aux agrès de leurs vaisseaux, voiles, cordages, gouvernail, qui restaient sous séquestre jusqu'à leur départ. Dans de pareilles conditions, si une chose peut étonner, ce n'est pas que les Hollandais aient fait tant d'efforts pour se faire attribuer le monopole du commerce japonais, c'est qu'ils l'aient accepté. (1)

Macao, à cette nouvelle, fut dans la dernière

(1) *Quid non mortalia pectora cogis,*
   Auri sacra fames ?
s'écrie à ce propos leur historien Kœmpfer.
Kœmpfer, *Hist. du Japon*, liv. IV, chap. 6.

consternation. Il fut arrêté sur le champ que, pour fléchir le taïcoun, on lui députerait une ambassade solennelle; un général septuagénaire, Dom Louis Paez Pacheco, et cinq des plus notables de la ville, dont deux avaient déjà été ambassadeurs au Japon, voulurent bien risquer leurs vies dans cette circonstance pour la patrie et pour la religion. Sitôt qu'ils eurent jeté l'ancre à Nangazaqui, un commissaire vint leur demander qui ils étaient et s'ils ignoraient les édits contre leur nation. Ils répondirent qu'ils les connaissaient parfaitement, mais qu'ils étaient revêtus du caractère d'ambassadeurs, titre sacré chez tous les peuples, et qu'ils demandaient à être conduits à Sa Majesté. Le gouverneur fit semblant d'être satisfait de cette réponse et envoya un courrier à Yédo. En attendant, il fit démanteler le navire, le mit sous la garde de plusieurs bâtiments armés et fit descendre et emprisonner tout l'équipage.

La réponse de **To-Séogun-Sama** arriva le 1ᵉʳ août 1640. Dès le lendemain, les ambassadeurs et toute leur suite, y compris les matelots, c'est-à-dire soixante et quatorze personnes, Espagnols, Portugais, Chinois, Indiens et Canariens, furent appelés à l'Hôtel-de-Ville pour y entendre lire leur sentence. Elle portait que tous, à la réserve de treize, auraient la tête coupée, à moins qu'ils n'embrassassent la religion de l'empire. Ils marchèrent à la sainte montagne en louant Dieu d'être ainsi traités contre le droit des gens, en haine du nom de Jésus, et baisèrent ce sol consacré qui allait encore une fois boire le sang chrétien. Ils reçurent, à trois reprises différentes, l'assurance que leur religion était l'unique cause de leur mort, et nous n'hésitons pas à les compter parmi les martyrs.

Les treize épargnés, après avoir été contraints d'examiner longuement, et chacune en particulier, les têtes de leurs compagnons, pour les bien reconnaître, après avoir vu brûler leurs corps, leurs présents, leur vaisseau, et jusqu'à leurs habits, furent renvoyés à Macao pour y annoncer le sort de l'ambassade. Il était dû considérablement par plusieurs à des Japonais et ils avaient apporté de grosses sommes pour payer leurs dettes; tout fut brûlé, et aucun des créanciers n'osa réclamer. Il semblait, dit Charlevoix, que ce peuple eût en exécration jusqu'à l'argent des catholiques.

On dressa sur la Sainte-Montagne l'inscription suivante : *Tant que le soleil éclairera le monde, que nul étranger n'ait la hardiesse de*

débarquer au Japon, même en qualité d'am-
bassadeur, si ce n'est ceux à qui le commerce
est permis par les lois. Et que tous sachent que
le roi d'Espagne en personne, que le Dieu des
chrétiens, que le grand Xaca lui-même, un des
premiers dieux du Japon, s'ils violent cette dé-
fense, seront punis de mort.

Ce terrible exemple ne découragea point les ministres de l'Évangile. Le jésuite Antoine Rubino, piémontais, nommé supérieur de la mission, y parvint, en 1642, avec les Pères Albert Mecinski, polonais, parent de saint Stanislas Kostka; Diego de Moralès, espagnol; Antoine Capeci, napolitain; François Marquez, japonais et trois pieux laïques; mais ils furent arrêtés aussitôt et payèrent leur démarche de leurs têtes. Le P. Pierre Marquez, son successeur, eut le même sort, avec quatre compagnons de son zèle et fut scié à Yédo. On a su les circonstances de leur martyre par des marchands hollandais présents à leur interrogatoire. Il restait encore quatre ou cinq jésuites japonais qui menaient dans les bois une vie pire que la mort, et un autre, ancien provincial, qui avait apostasié. Des Chinois ont raconté que l'un d'eux, le P. Jean-Baptiste Porro, avait péri avec tous les habitants d'un village auquel on avait mis le feu, sans permettre à personne d'en sortir ; qu'un deuxième, le P. Pierre Cassui, avait été mis dans la fosse (1). On n'a plus entendu parler des autres, si ce n'est d'un apostat, le P. Ferreyra, qui, témoin du courageux martyre de quatorze chrétiens sur la Sainte-Montagne, fut enfin touché de repentir et lava dans son sang, vers 1652, à l'âge de plus de quatre-vingts ans, la honte de sa lâcheté première.

Le jésuite de Rhodes, celui dont les conseils provoquèrent depuis la fondation de la Société des Missions-Étrangères, raconte dans sa Relation sur l'état de l'Église dans l'Asie orientale, qu'au rapport de quelques marchands, il y avait eu encore trente martyrs au Japon en 1646, trente-six en 1648 et quarante en 1649 ; mais il ignorait les détails de ces sacrifices.

Les dernières nouvelles de la grande persécution japonaise furent apportées en Europe par le protestant Kœmpfer, en 1692. Il y avait alors à Nangazaqui, où était ce voyageur, environ cinquante chrétiens emprisonnés, de tout

---

(1) Le P. Cassui était natif d'Omura. Banni en 1614, il traversa à pied la Chine, la Cochinchine, la Birmanie, l'Hindoustan, la Perse et la Turquie, visita Jérusalem et la Palestine ; de là passa à Rome, où il se fit Jésuite. Dès qu'il eut reçu les ordres sacrés il repartit pour le Japon, et afin d'y rentrer plus aisément, il se fit pendant deux ans esclave sur des barques qui servaient de gardes-côtes à Nangazaqui.

âge et de tout sexe. Ils avaient été amenés du Bungo et le peuple les appelait : *la canaille du Bungo.* « Ils étaient fort ignorants, dit Kœmpfer, et l'on avait beaucoup d'égard à leur simplicité. On se contentait de les tenir enfermés sans aucun espoir de recouvrer leur liberté autrement que par l'apostasie. Tous les deux mois, le gouverneur les faisait comparaître devant lui et les sollicitait de découvrir les autres chrétiens, mais inutilement pour l'ordinaire. Du reste, on ne les maltraitait point ; on leur permettait même de se baigner quelquefois et de se promener. Ils passaient leur temps à filer de la laine et du chanvre ; ils cousaient leurs habits avec des aiguilles de bambou, n'ayant pas la permission de se servir d'aucun instrument de fer. L'argent qu'ils gagnaient était à eux et ils pouvaient en faire part à leurs femmes et à leurs enfants, renfermés comme eux, mais séparément, en sorte que toute communication leur était interdite. »

Mais l'enfer seul a pu suggérer aux destructeurs du christianisme l'horrible et sacrilége cérémonie que l'on appelle le *Jésumi*. Vers la fin de chaque année, on fait à Nangazaqui, dans le pays d'Omura et dans le royaume de Bungo, les seuls pays où l'on soupçonne qu'il y ait encore des chrétiens, une liste exacte de tous les habitants, et le second jour de l'année suivante, les magistrats, accompagnés de greffiers et de deux ou trois des principaux habitants de chaque rue, vont de maison en maison, faisant porter par des hommes de la police deux images, l'une de Notre-Seigneur attaché à la croix, l'autre de sa sainte Mère ou de quelqu'autre saint. On les reçoit dans une salle, et dès qu'ils ont pris chacun leur place, le chef de la famille, sa femme, ses enfants, les domestiques de l'un et de l'autre sexe, les locataires et ceux des voisins dont les maisons sont trop petites pour recevoir tant de monde, sont appelés les uns après les autres par le greffier, à qui on a donné tous les noms, et à mesure qu'on les nomme, on leur fait mettre le pied sur les images qu'on a posées sur le plancher. On n'en excepte pas les plus petits enfants que leurs mères ou leurs nourrices soutiennent par les bras. Ensuite le chef de famille met son sceau sur la liste, qui est portée au gouverneur. Quand on a ainsi parcouru tous les quartiers, les officiers eux-mêmes font le *Jésumi*, se servent mutuellement de témoins, puis apposent leur sceau au procès-verbal (1).

Charlevoix, *Hist. du Japon*, tome XX.

X

Conclusion. — Nouvelles tentatives des Missionnaires. —
Espérances.

L'Eglise japonaise allait finir, non pas faute
de croyants, mais faute de prêtres qui leur
distribuassent la parole de Dieu et les sacrements. Elle se mourait, moins de compression
que d'inanition.

Nous sera-t-il permis d'exposer ici toute notre pensée? Oui, sans doute : l'impartiale histoire, après avoir enregistré avec orgueil les
vertus et le courage surhumain des apôtres,
se doit à elle-même de ne point jeter de voile
sur leurs fautes, même involontaires.

Ce qui manqua à l'Eglise japonaise, ce fut
un clergé national. Si ses chefs n'eussent été
presque tous des étrangers, et des étrangers
venus tous d'un même empire européen, ce
qui ne contribua pas peu à fortifier les appré-
hensions du gouvernement local ; si des prêtres séculiers, des curés indigènes et à de-
meure, des séminaires selon les presciptions
du concile de Trente, si surtout un certain

nombre d'évêques eussent été disséminés par les îles, le clergé se fût renouvelé, les vides faits par la persécution eussent été remplis, et, quoique séquestrée du reste du monde, quoique arrachée aux soins paternels de ceux qui l'avaient enfantée à Jésus-Christ, cette Église si pleine de vie, aurait prolongé la lutte pendant de longues années, en attendant des jours meilleurs. Telle était la pratique des premiers apôtres (1). Et qu'on ne dise pas que les peuples nouveaux convertis ne présentent pas toujours les éléments de ce clergé : l'observation serait juste peut-être pour des nègres ou des sauvages ; elle ne l'est pas pour les Japonais.

Au lieu de cela, le clergé séculier se bornait à sept prêtres au commencement de la persécution, après soixante ans de prospérité religieuse, et l'on ne vit jamais au Japon que deux évêques, l'un après l'autre, et tous deux

(1) « *Paul et Barnabé revinrent à Lystra, à Icône,* « *à Antioche.... et ayant ordonné des prêtres par* « *chaque église et prié avec jeûnes, i's partirent.....* « (Act. c. XIV.) »
Saint Paul écrit à Tite : « *Je vous ai laissé en Crète* « *afin que vous complétiez tout ce qui manque, que* « *vous établissiez des prêtres en chaque ville.... Or,* « *il faut qu'un évêque soit irréprochable en sa qua-* « *lité d'économe de Dieu.... etc.* » — Et il énumère les qualités des évêques qu'il faut choisir. (Ep. *ad Tit.* c. I.)

portugais. La mort du second, Louis de Cerqueyra, arrivée dès l'année 1614, fut un malheur immense. Ses successeurs ne dépassèrent point Macao, et les misssionnaires se contentèrent d'avoir un administrateur de l'évêché. Encore les jésuites et les franciscains ne furent-ils pas d'accord sur la nomination de cet administrateur. Le Provincial de la Compagnie de Jésus se porta pour tel, en vertu d'un bref apostolique ; celui de l'Ordre de Saint-François, qui tenait sa juridiction de l'archevêque de Manille, métropolitain, fit valoir les mêmes prétentions ; les sept prêtres séculiers se déclarèrent pour lui, et cette division se prolongea jusqu'à ce que l'archevêque de Goa, en sa qualité de primat, eût donné raison aux Jésuites : sentence qui fut confirmée par les papes Paul V et Urbain VIII.

Le Japon cessa donc pour ainsi dire d'exister pour le reste du monde, et le reste du monde pour les Japonais. Il fut comme à découvrir de nouveau, et les impressions que ressentira le voyageur qui rentrera le premier à l'intérieur de ses provinces, seront comparables à celles qu'on éprouve en creusant dans Herculanum ou dans Pompéïa, que la lave du Vésuve nous cachait depuis des siècles.

Tout porte à croire néanmoins qu'on y retrouvera quelques restes du Christianisme. Une preuve convaincante, c'est que, en 1820, des Japonais achetèrent à Batavia des livres de théologie et même de lithurgie catholique, et qu'en 1830, un navire japonais s'étant brisé sur les rochers des Philippines, vingt matelots qui furent recueillis à terre montrèrent des médailles qu'ils tenaient, disaient-ils, de leurs ancêtres. Ils ne purent, à la vérité, en donner aucune explication satisfaisante, mais dès qu'on les eût instruits des vérités chrétiennes, dix-sept d'entre eux demandèrent le baptême. Des marchands coréens ont affirmé, de plus, que le Christianisme se conserve dans le grand archipel oriental, mais à l'état de doctrine secrète.

On aurait tort de croire que pendant cette longue léthargie de la vie extérieure au Japon, le zèle des missionnaires soit resté endormi et inactif. Le P. de Charlevoix raconte la touchante aventure de l'abbé de Sidotti, prêtre sicilien qui, après avoir étudié la langue deux ans à Manille, se fit déposer sur le rivage japonais, en 1709, seul avec son bréviaire, sa chapelle, une boîte des Saintes-Huiles, un crucifix qui avait appartenu au P. Mastrilli, et quelques livres et images de piété. Les Espagnols qui l'avaient amené se rembarquèrent les larmes aux yeux et, ajoute Charlevoix, personne n'a plus eu aucune nouvelle certaine de ce qu'il était devenu. L'abbé Rohrbacher affirme, sur des renseignements dont j'ignore la source, qu'il fut pris, mené à Yédo, où il baptisa dans sa prison plusieurs personnes que l'on mit à mort, et que lui-même fut muré dans un trou de quatre à cinq pieds de profondeur, où on lui donnait à manger par une petite ouverture, jusqu'à ce qu'il pérît dans ce séjour infect (1).

En 1846, Pie IX créa un vicariat apostolique du Japon ; Mgr Forcade, aujourd'hui évêque de Nevers, débarqua dans la principale des îles de Liéou-Kiou, archipel tributaire du Japon, mais il y fut si étroitement surveillé et gardé, que ni lui ni M. Leturdu ne purent s'aboucher avec les indigènes, qui avaient défense de leur parler sous peine de mort. Ils se rembarquèrent. Le P. Colin, nommé provicaire, fit deux cents lieues sur un mauvais chariot chinois, pendant le dégel et par des chemins horribles, afin de pénétrer au Japon par le nord ; il mourut épuisé de fatigues, dans les bras de Mgr Vérolles, en arrivant en Mant-

(1) Rohrbacher, *Hist. univ, de l'Eglise cath.*, t. 26.

chourie. En 1855, trois nouveaux missionnaires, MM. Furet, Girard et Mermet, parvinrent à s'établir dans une bonzerie, à Liéou-Kiou. L'extrait suivant d'une lettre de M. Mermet, en date du 26 octobre 1856, raconte comment s'est déjà renouée, de nos jours, la chaîne des martyrs du Japon :

« ..... Nos domestiques sont changés tous les mois et ne peuvent nous parler que pour le service. Cependant, malgré la surveillance à laquelle ils sont soumis, Dieu a permis que l'un d'eux, jeune homme âgé de vingt-deux ans, comprit et goûtât si bien la céleste doctrine, qu'il demanda instamment le baptême. Après avoir été instruit et préparé, à la faveur des ténèbres et au milieu du plus grand silence, après un mois d'épreuves multipliées, il fut baptisé la nuit de Noël (1855) et consacré à l'enfant Jésus qu'il adorait pour la première fois avec un cœur purifié. Bien que ce jeune homme appartînt à la plus humble classe, il était cependant doué d'une force de caractère et d'une pénétration au-dessus du commun. Il pouvait devenir notre catéchiste ; c'était notre espérance. Nous lui recommandâmes bien le secret. Personne d'ailleurs n'y était plus intéressé que lui. Lorsqu'arriva le jour de l'adoration des ancêtres, le jeune François-Xavier (c'était son nom de baptême) profita d'une légère indisposition pour se dispenser de cette cérémonie injurieuse à son Dieu, à qui il demandait avec ardeur la conversion de ses parents. Son zèle était en effet si impatient, et le changement que la grâce avait opéré en lui si sensible, qu'il ne pût échapper à l'œil scrutateur et défiant]de son père. Notre néophyte avait d'ailleurs une conscience trop délicate pour dissimuler sa foi. Alors commença la persécution la plus barbare. Mais François tint ferme, se contentant d'opposer aux coups et à la fureur de son père cette simple prière : *Permettez-moi de demeurer l'enfant du vrai Dieu, et vous n'aurez pas de meilleur fils que moi.* Exaspéré par la persévérance et l'angélique résignation du chrétien, le père jura que dès le lendemain il le livrerait avec toute sa famille à la justice des tribunaux. Le jeune François, effrayé, non pour lui, mais pour les siens, accourut chez nous au milieu de la nuit pour demander conseil. Le supplice de sa famille lui paraissait si horrible, qu'il doutait encore si Dieu exigeait de lui un pareil sacrifice. *S'il ne s'agissait que de ma vie*, disait-il, *ce serait bientôt fait.* Ce fut alors seulement qu'il nous révéla un affreux secret, que jusque-là il ne nous avait laissé qu'entrevoir : *Tout in-*

dividu professant le christianisme doit mourir avec tous ses parents au premier degré d'affinité et de consanguinité. Notre réponse ne pouvait être douteuse. Si le sang devait couler, il retomberait sur le barbare fanatisme du père. Quant au fils, victime innocente d'une loi sauvage, il mourrait pour sa foi, pour son Dieu ! Il ne restait plus qu'à demander la force des martyrs. Nous demeurâmes longtemps agenouillés ensemble. Notre prière n'était qu'un sanglot. François se releva, les larmes aux yeux, mais calme et rassuré ; il nous quitta le courage au cœur... Quel a été le sort de sa famille ? Qu'est devenu notre néophyte ? Est-il mort ? Point de nouvelles positives. Cependant nous croyons posséder un martyr. Lorsque nous avons demandé au mandarin des nouvelles de François, il nous a répondu, avec un embarras et un trouble marqués, qu'il n'était plus à la capitale (1). Tous ceux qui nous approchent ont ordre de feindre la plus complète ignorance sur son compte. C'est là un sujet de conversation à l'index. Or, si notre disciple avait failli, nonseulement on en parlerait volontiers, mais le

(1) Il s'agit de Nafa, capitale des îles Liéou-Kiou.

gouvernement publierait son apostasie comme un triomphe (1). »

Les *Annales de la Propagation de la foi* n'ont plus reparlé de cette nouvelle mission, sans doute par discrétion, vu que tout ce qui s'imprime en Europe concernant le Japon est aussitôt traduit et connu à Yédo. La même prudence nous impose une égale réserve et nous devons nous abstenir de rechercher prématurément ce que l'autorité ecclésiastique ne juge pas à propos de publier encore; mais une révolution nouvelle, une révolution si complète, si imprévue qu'on ne peut l'attribuer qu'à une intervention directe de la Providence, s'est accomplie tout d'un coup depuis peu. Le Japon a rouvert quelques-uns de ses ports, conclu des traités de commerce avec les Etats-Unis d'Amérique en 1852, avec l'Angleterre, en 1854, avec la France en 1858, puis avec la Russie et la Prusse, résultat immense, accepté et consacré en 1865, après bien des résistances, par le *mikado* lui-même, grâce aux nécessités imposées par les besoins du commerce, et un peu aussi par le retentissement des canons de la flotille anglo-franco-

(1) *Annales de la Propagation de la Foi*, t. XXIV, p. 296.

américaine, qui a démoli en quelques heures les forteresses réputées imprenables de Naugato. Le séjour de Yédo est devenu permis à des légations européennes, et au moment où nous écrivons, — qui l'eût cru il y a seulement dix ans? — Paris et Londres ont vu plusieurs ambassades japonaises, et l'on peut rencontrer dans les rues de Paris le jeune frère et futur successeur du taïcoun actuellement régnant, venu avec une suite de trente et une personnes, non-seulement pour visiter les merveilles de l'Exposition universelle, mais pour séjourner, dit-on, quelques années parmi nous et pour y apprendre notre langue.

Le traité conclu avec la France le 9 octobre 1848, et inséré au *Moniteur* du 14 avril 1860, porte expressément que *les sujets français au Japon auront le droit d'exercer librement leur religion et que, à cet effet, ils pourront y élever, dans le terrain destiné à leur résidence, les édifices convenables à leur culte, comme églises, chapelles, cimetières...* Ils n'y ont pas manqué et le *Moniteur* a raconté en 1865, l'érection d'une église à Jankohama, mais rien n'est stipulé, malheureusement, pour la liberté des indigènes.

C'est l'abbé Mermet qui a servi d'interprète au baron Gros dans la conclusion et la ratification de ce traité. Depuis lors, l'abbé Girard, a accompagné à Yédo M. Duchêne de Belle-court, consul général de France au Japon. Il a été présenté par lui aux autorités locales, en qualité d'interprète et de prêtre catholique. L'abbé Mermet, après avoir préparé un dictionnaire français-japonais dont il a fait fondre les caractères à Hong-Kong, s'est établi à Hakodaté, un des ports ouverts aux Européens, où le gouvernement local lui a cédé un très-bel emplacement. Mgr Petitjean, vicaire apostolique, a pu s'établir de même à Nangazaqui. Il y a construit une église sur un terrain concédé aux Européens, et ses dernières lettres font quelque espoir de liberté pour l'avenir.

L'esprit souffle où il veut (1). Laissons à sa souveraine sagesse le secret de ses mystères, mais notre cœur tressaille d'une invincible espérance.

Il en est des églises comme des nations politiques. La chute est sans remède pour celles qui s'affaissent sur elles-mêmes, dans la décrépitude de la décomposition. Mais celles qui tombent par un choc du dehors, tout d'une pièce et les armes à la main, celles-là ne tombent que pour un temps. Cependant, depuis

(1) Ev. de saint Jean, c. III, v. 8.

plus de deux siècles, l'Église japonaise ne s'est pas relevée... Deux siècles ! Qu'est-ce que deux siècles dans la vie d'un peuple ? Qu'est-ce que dix siècles dans la vie sans fin de l'épouse de Jésus-Christ ? Non, il ne sera pas dit que cette grande parole de Tertullien, qui fut une vérité sur le berceau du christianisme soit devenue un mensonge pour son âge viril : *Le sang des martyrs est une semence de chrétiens.* Non, cette terre a trop bu de sang innocent pour qu'elle reste stérile à jamais ! Un jour, et tout annonce que ce jour approche, lorsque le soleil de justice se sera levé de nouveau sur l'horizon japonais, tout ce sang, aspiré par ses rayons bienfaisants, montera au ciel comme une rosée pour en redescendre en pluie féconde et de nombreuses moissons pourront mûrir là où nous en avons vu une seule coupée prématurément dans sa fleur. Vous hâterez ce jour fortuné, ô vous tous, glorieux membres de l'Église triomphante, dont le Japon fut ici-bas la patrie de naissance ou la patrie d'adoption. Joignez votre intercession puissante à nos efforts, vous que le chef de l'Église militante a placés naguère sur nos autels, ô Pierre-Baptiste ! ô Miki, vous qu'il y élève aujourd'hui ! ô Navarette ! ô Firoyama ! ô Spinola ! Et vous aussi, qu'attendent tôt ou tard les mêmes honneurs, vaillants missionnaires, holocaustes précieux de la Sainte-Colline, héros du mont Ungen, courageuses familles des Taquenda, des Mondo, des Ucibory ! Vous, invincible archange Michel, patron du Japon ; vous, François-Xavier, son père en Jésus-Christ ; vous, surtout, Mère immaculée de Jésus, puisque tant de Japonais, en tombant pour lui, mêlèrent votre nom à celui de votre fils, daignez vous souvenir de votre antique protection, afin que l'Orient connaisse encore et célèbre avec nous vos gloires immortelles, et que la croix brille à jamais sur les deux émisphères.

TABLE

CHAUMONT. — IMP. C. CAVANIOL.

Chaumont. — Imp. C. Cavaniol.